十大华人科学家丛书

孟宪明　主编

吴健雄传

西　溪　编著

河南文艺出版社

·郑州·

目　录

一

科学沉溺在愚昧的黑暗中,社会在病态中呻吟,家乡的河水却依然向前流淌。

二

父亲望着滚滚的河水说:郑和就是从我们这儿下西洋的。小名叫薇薇的女孩,眨着明亮的眼睛,心里在想:我什么时候也能下西洋呢?

三

在苏州第二女子师范学校,她第一次遇见了胡适博士。冬日的暖阳下,她入迷地捧读《新青年》。

叔叔从法国回来了,也带来了外面世界的传说。于是,当小学教师再也不是她的理想了。

四

每当别人进入梦乡时,吴健雄还在她的小屋里,让知识陪伴着自己。摇曳的烛光,把她的身影放得很大很大,投射到小屋的墙上。

五

她只身来到美国,站在美国西海岸旧金山的街头,心里说:"我会在这里成功的!"这个中国女学生,立志要把这里的科学知识带回去,去拯救祖国。

六

她终于完成学业,获得博士学位,可以回去报效祖国了。然而,来路已断,祖国正陷于炮火之中……翘首家乡,她心急如焚。

七

聪慧、才华和毅力,使她赢得了众多的赞誉。然而,世俗对女性的偏见,却让她饱尝不公的待遇。她只有埋首工作,向世俗进行挑战。

八

宇称不守恒的成功实验，推动物理科学迈出了革命性的一大步。全世界都记住了她的名字，荣誉和鲜花蜂拥而至，然而，她忘不了女性的艰难、友情的温馨。

九

由于"乒乓外交"政策的启动，她终于在与祖国相隔 37 年后，

踏进了祖国的大门。从此,她才有了报效祖国的机会。她把平时
节俭下来的钱,捐给了明德学校。生命弥留之际,她还想着祖国的
科学教育。

一

科学沉溺在愚昧的黑暗中,社会在病态中呻吟,家乡的河水却依然向前流淌。

1. 一个小镇

听说过浏河这个镇吗? 地图上没有它的标志。

它很小,却很有特色。它在江苏省境内,属于依傍上海市的太仓县。在江南风雨的滋润下,它端庄、秀丽,迷蒙在淡淡雾霭的宁静里。一条河流缓缓地从镇边流过,河上有一座江南式的小桥,桥上有几个头戴斗笠、身挑菜担的村民正在赶早市。河的两边,树木遮阴,在一片浓郁之中,有夹竹桃花点染着绚丽。

这是早晨在远处眺望的景象。

浏河镇的居民多居住在建筑构造精巧的二层楼房里。楼房是木制的,只有房顶才覆盖有青瓦,这大概是江南的气候所致。民宅中间的街路,用石板认真地铺过。街路修长,稍有弯曲,似江南窈窕少女的身姿。天蒙蒙亮,就有嗒嗒鞋声响起;晚上,卖豆浆的、卖汤圆的,推着吱吱扭扭的货车,清脆的脚步声,拖长的叫卖声,敲开一扇扇窗户,将饭香充溢在整个小巷。

风调雨顺的江南气候,自然使浏河镇成为中国少有的鱼米之乡,加上又有水路,往来船只便多了起来。有远处的船只将他乡的土特产运到了这个镇上,再将这里的货物运回去。更有聪明者,把他乡的特产与这里的货物一起运到大城市,做更大的买卖。所以早在元朝,这里已是一个很有名气的码头,云集着南来北往的客商。那时往河上一望,船船相连,帆樯林立。集市上摩肩接踵,熙熙攘攘,背包的,担担的,推车的,扛箱的,大声叫卖的,小声议价的,吴侬软语中,夹杂着生硬的他乡话语,其繁荣程度简直可以与《清明上河图》上的景象媲美。

地杰则人秀。浏河哺育着这一方水土的人们,这里的人也都以聪慧和精明作为回报。就在这样的一个小镇里,有一个书香世家。从这个书香世家的大院里,走出了一位了不起的科学家,不仅为这个小镇增添了光辉,而且也让世界为之瞩目。当然,这些都是后话。

2. 爷爷、爸爸和叔叔

吴健雄出生于一个典型的中国知识分子家庭,祖辈就非常崇尚中国的传统文化,精忠报国的思想渗透于他们的血液之中。因此,从吴健雄的爷爷开始,就在探索解救中国命运的事业。

吴健雄的爷爷名叫吴挹峰,生活在清朝。由于那时知识分子的出路主要靠科举考试,吴挹峰也毫无例外地积极参加科举考试,并得了个贡生。

科举,是封建时代朝廷用人的一个制度。朝廷根据考试成绩选拔人才。科举考试,也不是成绩好,一下子就被选拔做官,而是要经过三次考试。这三次考试就是乡试、会试和殿试。最后在殿试中,参加考试者取得进士的资格,才可以被选用。能不能被选上,也是看朝廷的意思。逢上贪官污吏,即使考试成绩再好,没有银两打点,也难以被选上。所以,不断有科举舞弊、考场舞弊的丑恶现象发生。

科举制度中,经过会试,成绩及格,被选送京师国子监读书深造的,则称作贡生,意思是以人才贡献给皇帝。国子监属于国家的中央教育机构,在那里学习的贡生,被重视的程度自然远远超过秀才。

吴挹峰在国子监读书时,利用良好的学习环境,阅读了大量的中国文化经典,从中揣解古人精粹的思想,取其艺术手法,所以他不仅诗作得好,而且也是一个写文章的高手。

后来他回到家乡浏河镇,做了一名教师。当时是私人教学,所以也称塾师。由于深厚的文化功底,加上教学方法得当,很快他声名大振。远近的村民，都愿意把孩子送到他那里，以求出息。辛亥革命爆发后，清朝政府被推翻，许多清朝的制度也被废除了，科举制度理所当然地也被废除掉了。正值此时，吴挹峰的家庭状况也在走下坡路，入不敷出，生活很窘迫。于是，吴挹峰告别故乡，来到当时已颇有工业规模的上海闯荡，开出一片新的天地。

吴挹峰共有三个儿子，依次是吴赞臣、吴仲裔、吴琢之。吴健雄的父亲是吴挹峰的第二个儿子吴仲裔。吴仲裔在上海度过了他的中学生活。由于上海是当时中国最发达的地方，有外国人在那里做生意、办工厂，也有中国各地的商家、厂家在那里做生意，各种思想都汇集到那里，思想异常活跃。当时中国的政治比较腐朽，人民生活困苦。在读书与接触社会中，吴仲裔逐渐分析中国的病症，并立志从事教育。他认为教育才是根本，中国之所以落后，受洋人的欺侮，主要是我们民众素质差，科学不发达。所以后来他干脆回到家乡实现他的理想，创办明德女子学校，把庙里的供神放倒，清理打扫，把庙宇当作课堂。这种勇敢的举动在当时吓坏了不少守旧的人，四野也为之震动。

女子进学堂，在旧中国可是件新鲜事，开始镇上的人并不愿意自家女孩去读书。吴仲裔了解人们的生活状况，就免费收学生，即使这样来上学的女孩也不多。吴仲裔根据人们生活的需要，开设与生活贴近的课程，如缝纫、烹饪等。他先动员亲戚将孩子送到学校,后又动员思想不太保守的人家。经过一段教学,家长们纷纷夸赞学校办得好,后来越来越多的家长把孩子送到了学校。如今明德学校依然保存着,培养了一批又一批的有用人才。

从办学这件事上,可见吴仲裔的开明和思想的超前。由于他的功绩,新中国建立后,他的家乡政府还专门为他建了一个纪念馆。

吴琢之是吴健雄的叔叔,与吴仲裔感情深厚,对吴健雄的成长有过很大的影响。吴琢之的父亲吴挹峰也很器重和疼爱他。从"琢之"这个名字看,像是含有不断雕琢,希望他能成为有用之才之意。吴琢之的学生时代,也是在上海度过。当学生时,他就接触进步思想,积极参加反对腐败政府的斗争,因此他还被当时的政府通缉过。

他曾经到法国求学,过着清贫而艰苦的生活。生活的艰难非但没有使他退却,反而锻炼了他的意志。因为是勤工俭学,他边做工边学习。在一家工厂里,他结识了后来成为著名共产党人的李立三、赵世炎、陈延年等,也有后来的国民党要人狄君武、毛庆祥等。他是从法国里昂工业专门学校毕业的,在那里他学习了多种与汽车机械有关的技术,如电机制造、绘图、车工、钳工等。他勤奋地学习着,为的是要把这些本领有朝一日用到中国新兴的交通事业上,振兴自己的祖国。后来回国后,他果然将学习的知识全部投入国家交通事业上。他先在上海沪太汽车公司任机务总管，几年之后，又应邀到南京创办江南汽车股份有限公司，显示了他卓越的管理才能。几年间，他用自己的知识和能力，使这家公司成为当时国内规模最大的一家商办汽车公司，逐步在实现他的"实业救国"理想。

3. 家风及传统

吴家是个具有传统爱国思想和比较开明的读书人家。从吴健雄的爷爷吴挹峰开始，就接受过正宗的中国传统文化的教育。可是自1840年鸦片战争以来，中国一直处于殖民地半殖民地的状态，受尽帝国主义的欺侮和压迫。中国贫穷落后，没有自己的民族工业，所以，吴挹峰当年来到上海后，就积极投身于民族工业的建设与发展事业，走实业报国的道路。后来他看到中国民众身体虚弱，又认为强国必先要强身，就与朋友共同发起了"体育会"，并鼓动儿子参加。

到了吴家的第二代，由于受父亲的爱国思想的影响，他们更加关心国事，曾为国事奔走呼号，召集群众声讨腐朽政府，因而险些入狱。

吴家兄弟先后毕业于上海南洋中学，这所中学在当时非常有名。它的有名不是因为它是所新建学校，教学设备齐全，而是因为它不同于过去的旧式学院。这是清朝洋务派人特办的学校，目的是学习西方的先进思想和先进知识，培养本国的技术人才，以科技兴国，尽快赶上西方发达国家。就是在这所学校，吴氏兄弟才开始接触了西方的书籍，有孟德斯鸠的、康德的、伏尔泰的等。这些书籍中所宣扬的民主、平等、自由的思想，都对他们后来的人生道路产生了重要的影响。

吴仲裔在中学时就参加学潮，进爱国学社，接触革命新思想，中学毕业后，又学习军事技能，以图报效祖国。后来，吴仲裔和吴琢之还积极参加了反对独裁者袁世凯的运动，体现了他们鲜明的政治态度。

1919 年，爆发了伟大的五四运动。这时，吴琢之已在上海的一家造船厂做事。五四运动令他精神振奋，他亲自率领群众上街游行示威，并写下声讨卖国政府的文章，他被人称颂为工界的爱国志士。为逃脱缉捕，也是为了学习西方的先进技术，他登上了赴法轮船。在法国勤工俭学，他度过了 6 年的时光。

二

父亲望着滚滚的河水说:郑和就是从我们这儿下西洋的。小名叫薇薇的女孩,眨着明亮的眼睛,心里在想:我什么时候也能下西洋呢?

1. 童年

辛亥革命后的第二年,即 1912 年,本书的主人公、大科学家吴健雄诞生在江苏省太仓县浏河镇。

那一天是 5 月 31 日。夏日的阳光在辛亥革命后的万象更新中明媚地洒进了吴家的小院。随着婴儿的一声啼哭,焦急等待的人们终于舒出了一口长气。接生婆匆忙从屋里走出来,对站在院子里的吴仲裔说:

"老爷,恭喜了,母女平安!"

"噢,是个女孩!"吴仲裔很惊喜。他搓了搓手,来回走了两步,又赶忙奔到父亲大人的房屋报喜。

此时的吴老先生正襟危坐在雕花木椅上,等待着家人来报信。吴仲裔一脚跨进来,轻轻地告诉父亲:

"父亲,添了个女孩。"

吴挹峰没说什么,面色未露出喜悦。他虽然饱读诗书,但与那个时代的人一样,也有重男轻女的思想。吴仲裔知道父亲内心深处的活动,他站了一会儿,不知说什么好,便退了出去。

吴仲裔与他的父亲可不一样,他没有那么多的重男轻女的思想。这也许与他在接受浓厚的传统文化中又融进了西方的先进思想有关。况且,第一个孩子已是个男孩,又添一女孩,正合他意。他扒着窗户向屋里望着,感谢妻子,也急着想看清孩子的面庞。此时,屋内的妻子和女儿都熟睡了……

随着太阳的东升西落,小健雄一天天长大了。她的一颦一笑,一举一动,都在父母的关爱之中。大她两岁的哥哥吴健英也非常喜欢这个小妹妹,她的咿咿呀呀的学语声,把小哥哥逗得心花怒放。"姆妈,姆妈,妹妹……""怎么了,孩子?"妈妈慌慌张张奔来,以为发生了什么事。

"妹妹她学说话呢!"小哥哥涨红着脸,瞪着明亮的眼睛,认真地说。

"噢,妹妹多可爱呀,你要好好照看她。"妈妈爱抚地摸着小健英的头。

到了小健雄会走路时,整个院子都充满了笑声,小哥哥一逗她,她就往前跑,爸爸妈妈也拍手为她叫好。

小健雄就在这样的家庭中成长着,度过了欢乐而又幸福的童年。

2. 爱动心思的小姑娘

爸爸一向重视教育,自然不会放弃对子女的早年启蒙教育。中国的传统教育,一般都是背诵诗文、认字,吴健雄也无一例外地接受着这种教育。爸爸还教她算术,开发她的智力。

小健雄有着惊人的记忆力,所教诗文、汉字,能很快熟记于心,对算术的理解力则更强,甚至超过了哥哥。爸爸更加钟爱这个聪颖的女孩子,根据她的天资有意识地进行引导。

为了将外面的神奇世界带给她,爸爸还亲自动手装了一台矿石收音机。一个小方盒子,里面不仅会说话,还会唱歌,收音机里告诉她各种各样的事情,令幼小的吴健雄神往,常常在小小的矿石收音机前驻足深思……

有时,小健雄就围着矿石收音机左看右看,不明白它何以会说话,会唱歌,还会讲故事,那双清澈、纯洁、明亮的大眼睛,时而眨眨,时而凝神。她想弄个明白,终于憋不住向爸爸讨教。

"爸爸,这个小盒子怎么那么有本事?"

爸爸笑了，知道小姑娘的心思，就慢慢讲解最简单的无线电方面的知识给她听。

"噢，这是用天然矿石当作检波元件的，这是调谐电路。"

爸爸的解答，她似懂非懂，仍然不能满意，科学知识于她还是一个懵懂的世界。

在她的好奇心里，这个世界简直太奇妙了！"怎样才能了解这个世界呢？"这个想法一直萦绕在她幼小的心灵。

爸爸是个善解人意的人，于细微之处，窥视到了女儿的心思。他感到女儿求知欲很强，应当让她满足，决不能荒芜孩子的心灵。

"仅仅让她听矿石收音机，看来已远远不够了。"那天他坐在堂屋的雕花椅子上自言自语地说。

恰在此时，健雄的母亲樊复华进屋，见丈夫满脸沉思，嘴里还念念有词，不解地问："你有什么心事？"丈夫从沉思中醒来，对妻子微微一笑，说："我是在想薇薇这个孩子。"吴健雄小名叫薇薇，那时江南人，都喜欢给女孩子起叠音的小名儿，听起来充满了爱怜之情，也很有点江南水色，稚嫩而又绵绵，而不像北方的女孩子，都是"春花""玉枝"之类。至于吴健雄的小名选用"薇"字，可能是与她父亲吴仲裔偏好紫薇树有关。

"薇薇这个孩子怎么啦？"听着丈夫的回答，小健雄的母亲不解地问。

"薇薇这个孩子悟性很高啊！我在想怎样才能进一步开发她的智力。"吴仲裔意味深长地看着妻子。

听着丈夫如此这般谈论自己的女儿，小健雄的母亲长嘘了一口气。她还以为女儿出什么岔子了。

吴健雄的母亲是个识大体的女性，来到吴家后，丈夫的开明大义，使她深受鼓舞，思想趋于进步，还经常帮助丈夫做点公益性的事。

"你何不到上海去看看，看看那里都是怎样教育孩子的?"母亲向父亲建议道。

"嗯，这个主意不错。上海虽然是十里洋场，可那里也有许多人在寻求着进步。"吴仲裔豁然开朗，连连对妻子的建议表示赞同。

上海，在 20 世纪初是中国经济发展的重镇，不仅有外国豪强在那里建工厂，掠夺中国资本，发展他们的经济，也有众多国内的冒险家在那里蹚路子。当然有志于发展民族工业的志士仁人也汇集到了上海，进行探索和奋斗。

经济的发展离不开科学技术。为了使经济高速发展，外国的、本国的大小企业在剥削工人的同时，也都把眼光盯在了快捷、便当的技术手段上，谁拥有了先进技术，谁就在经济上领先他人一步。

工业经济和商业经济的发展，促使人们的观念悄然变化。

一时间，科学、算术知识充斥到学校的大雅之堂，而新闻媒体，如报纸、杂志，则开设专栏，登载讲解科学知识的文章。

吴仲裔一进入上海，商业气息便迎面扑来。上海表层的繁华与内在的躁动，使他深深感到生活在发生着某种巨大的变化。他去书店，进学校，研究着，思考着。为了让孩子具有日后参与时代生活的准备，他把目光锁定在那些传播科学知识的图书及报纸杂志上。为此，他还专门订了上海的《申报》，那上面登有科学趣闻，很适合小孩子的口味。

吴仲裔带着科学的憧憬告别了上海，登上了开往家乡的轮船。知识的春意撩拨着他内心的激动，他对科学的启迪作用寄予了厚望。

3. 听爸爸讲书

健雄的母亲终于把丈夫盼了回来，看着丈夫踌躇满志的样子，知道丈夫收获不小。

"带什么宝贝回来啦？"妻子关心地问。

"你打开箱子看看吧。"

"噢，这么多的书啊。"

"这可都是有用的东西，与咱家原来的那些书不一样，这里有新的科学知识。"

"从小就给孩子灌输西学?"毕竟,妻子无法理解西学引进的意义。

"科学可不是洋人的专利,它是属于全人类的。洋人因为有先进科学技术,所以才耀武扬威而不可一世。我们必须掌握。"吴仲裔攥紧了拳头,坚定地说。

妻子理解了丈夫,理解了科学的重要性。

"我去唤薇薇吧!"说着,妻子轻盈地转身出去了。

此时的小健雄正在矿石收音机旁,她沉迷的神情,正陶醉在童话的世界里。

"薇薇,薇薇!"

妈妈亲切的呼唤,把她从童话的世界里拽回到了现实生活中。

"姆妈,叫我做什么?"小健雄一脸的天真。

"爸爸回来了。"

"是吗? 我去找爸爸。"

在小健雄的心目中,爸爸是伟大的,他懂得好多好多的道理。她依恋爸爸,听到爸爸回来的消息,怎能不让她兴奋!

"爸爸,爸爸!"小健雄惊喜地向爸爸奔来。

"薇薇,看爸爸给你和哥哥带回来什么了?"

"什么? 啊,这么多书啊! 可惜我识不了几个字。"

"没关系,爸爸给你读。等你识字多了,就可以自己读了。"

"这书上都讲些什么,有趣吗?"小健雄按捺不住自己的好奇心,恨不得马上就知道书上的内容。

爸爸当然知道她急切的心情,就告诉她这些书上讲的都是浅显的科学知识,能帮助她了解世界的自然现象。读得多了,就知道得多,知识也就积累得多了。

当时的小健雄还不懂得知识的积累,自然现象对她却有极大的诱惑力。

"都是什么自然现象,爸爸,能告诉我吗?"

"嗯,比如……噢,对了,你知道木块为什么会在水上漂吗?"

"因为水可以托住东西。"小健雄眨着聪慧的眼睛。

"薇薇,水托住东西叫什么呢?不知道了吧,叫水的浮力。"

停了一会儿,爸爸又说:

"还有,空气里都有哪些东西?打雷和闪电是怎么回事?"

"是呀,是呀,这些都是我想知道的。"

"别急,我每天给你讲一个,先听最简单的。"说着话,爸爸挑选了一本杂志,翻到"趣味科学"上,开始为小健雄读了起来。

"准备一个杯子。装满一杯清水,上面放一张厚纸片,杯子里不要留气泡。倒拿着水杯,水不会流出来;横着拿杯,水也流不出来。水为什么流不出来?这就是大气压力的作用。它来自四面八方。"

"噢,空气还有压力? 真是想不到。"小健雄自言自语地说。

"爸爸,我想试试,看它说得对不对。"

"很好,应该试试。"爸爸用肯定的语气,鼓励女儿去动手做试验。

小健雄有了爸爸的支持,特别来精神,又是找杯子,又是找纸片,最后跑到院子里,忙活着做试验。一会儿,就传来她喜悦的喊叫:

"真是这样的,太有意思了,爸爸来看呀!"

听到她的喊声,爸爸连忙走了过去,还把小健雄大加赞赏了一番。

就这样,小健雄在爸爸的讲书中,初步认识了世界的自然现象,也是从那时候起,培养了她日后对自然科学的极大兴趣。

4. 与哥哥做试验

吴健雄的哥哥吴健英比妹妹大两岁,已经进学校读书了。在爸爸的影响下,他也非常喜欢爸爸从上海带回来的那些科学书刊。他认的字多,不需要爸爸讲解,就自己挑拣着看,越看越着迷。

一天,他做完功课,又在全神贯注地读一本科学书刊,这时妹妹走了过来,央求他读给她听听。

"爸爸怎么不给你读了?"

"他办事去了。好哥哥,就读给我听听吧!"

"这样吧,我们一起做个小试验,我再给你讲其中的道理,你看怎么样?"

"当然好啦!"妹妹拍手叫道。

"咱们说干就干,找张纸。"

哥哥说着,拿了张纸,撕成两张纸条,将两张纸条叠在一起放在嘴边,上片接近上嘴唇,下片接近下嘴唇。然后,嘴对着两片纸之间吹气。只见哥哥用力吹气,脸都憋红了,可是两张纸片怎么也不分开,反而吹气越快,纸片贴得越紧。

吴健雄瞪着眼睛看哥哥的表演。突然,哥哥停了下来,看着妹妹一脸的疑问,问道:

"知道什么原理吗?"

"什么原理呀,是小把戏。"妹妹轻蔑地说。

"小把戏?小把戏里有大学问。我给你念念这段:两片纸间的气体流动时,流动速度越大,空气的压强越小。所以用力吹气时,两片纸的外面气体流动速度相对小,压强反而大,两纸片受到来自外边的作用力也就大。这也是刮风时地面上的树叶会飞起的原因。"

妹妹似懂非懂地点了点头,这时她觉得哥哥真了不起,非常羡慕哥哥能上学读书。哥哥见妹妹仍饶有兴趣,就说:"咱们再做一个试验吧。你去把咱家的火柴盒找来。"

"好的,你等着。"小健雄欢快地跑去了。不久,她高举着火柴盒,边奔跑边喊道:"哥哥,找来了。""嗯,很好,看我给你表演。"

只见哥哥把火柴盒拉开一些后,再离开桌面一段距离,然后松手让它落下,火柴盒就会听话地直立在桌上而不倒下。

"这也是学问?"妹妹用怀疑的口吻问。

"当然啦,听好。"哥哥拿着书念了起来,"这是利用惯性与稳度的现象。因为火柴内盒比外盒质量大,惯性较大。当把它向上拉开再落下时,外盒先跟桌面相碰,外盒比内盒支面大,加之外盒跟桌面接触时内盒仍在向下运动,重心继续下降,稳度再增加,火柴盒当然就温顺而稳定地直立在桌面上,而不跳、不倒了。""什么是惯性呢?"

"惯性就是……哎,这么说吧,你以最快速度跑步,让你到那棵树前停下,你会立即停下吗?"

"不知道。"

"告诉你吧,不会的,因为跑得太猛,会再继续跑几步,这就是惯性的作用。"

那天,小健雄又学到了一点知识。虽然有的词儿她还不十分懂,可做试验真是件有趣的事,它能印证书上讲的到底是对还是错。这一兴趣影响了她后来的学业。

5. 了不起的爸爸

吴健雄从小就非常崇拜父亲,直至老年,一提起父亲,敬佩之情仍溢于言表。

吴仲裔是位性格开朗、兴趣广泛的人,对中国文化能如数家珍,诗词歌赋也很有造诣。而西方先进的思想及事物,他也乐于接受。他会弹风琴,搞无线电。在 20 世纪 20 年代的农村,这可算是时髦而新潮的事。同时,这也说明了他思想的超前性。

父亲对吴健雄影响最大的则是伸张正义的精神、坚毅的性格和开明、民主、善良的品质。

吴健雄小的时候,时局动荡,社会很不安宁。先是军阀混战,后是政府、劣绅的盘剥,百姓生活实在难熬。土匪还时不时来侵扰,生活更是雪上加霜。

吴健雄的家乡浏河就有一股土匪经常出没。土匪头子名叫王英彪,此人心狠手辣,方圆百里没人不知道他的。他纠集一群地痞无赖,专做坏事,对百姓进行敲诈勒索,百姓稍有不满,便动刀动枪,武力相迎。百姓恨透了这帮土匪,可又对之无可奈何。百姓指望镇上警察来铲除土匪,但警察恫吓百姓有方,对付土匪却无计可施。其实,他们内心也怕土匪对他们进行报复。渐渐地,百姓对他们有了认识,也不再存有幻想。匪患一天不减,对百姓的威胁就会存在一天。在万般无奈中,他们祷告过,也企盼过所谓玉皇大帝来解救他们。

然而,苍天无言,河水无语。

吴仲裔当年从上海回到家乡后,闻知家乡的土匪非常猖獗,就决心铲除这股土匪。

可一个书生怎么与土匪进行斗争呢?

殊不知,吴仲裔在上海曾经参加过上海商团,学习过军事武艺,练就了一身的本领。1913 年,在反对袁世凯的二次革命中,吴仲裔还加入了进攻上海机器局的行动,目标是夺取军火库。那次革命,虽然因为双方武力的悬殊而惨遭失败,却使吴仲裔得到了锻炼,不仅增长了实战的经验,而且还锻炼了自己的胆识。

吴仲裔在谋划铲匪一事中显示了他的组织才能。为了长久地扼制匪患,吴仲裔深思熟虑后,开始着手成立镇上的商团武装力量。二次革命的最大教训,就是自己的力量太弱,因此,剿匪必须在武力上能与土匪抗衡。这是建立商团武装力量的最根本打算。同时还有个意图,就是为了达到长治久安的效果,也需要一个实实在在的武装力量来完成这个任务。

商团成立后,吴仲裔便抓紧推进铲匪的行动,积极与商团武装力量商量,寻找剿匪的最佳方案。那一段日子,商团的灯光一直亮到很晚,人们被剿匪的计划激动着!最后大家达成了一致的意见:土匪都是乌合之众。如果把领头的消灭了,其他土匪定会作鸟兽散。所以，以击毙匪首的方式来铲除这股土匪。

为了使行动万无一失，吴仲裔先暗中了解匪徒经常出没的路径，熟悉地理环境，最后定下了行动的时间。

剿匪那一天终于来到了，吴仲裔有些激动。他带领着商团从镇上出发，如一把钢刀直插匪徒老窝。土匪一贯为非作歹，称霸逞凶惯了，做梦也没想到会有人敢与他们对抗。当吴仲裔带领商团冲进匪巢时，土匪还没有反应过来是怎么回事呢。当场，就有几个土匪被缴了械。有个土匪见势不好，举枪反击。听到枪响，土匪们负隅顽抗。此时，吴仲裔冷静地察看了一下四周，认准了匪首，悄悄地迂回到匪首附近，猛地站起，瞄准匪首就是几枪，匪首当场就一命呜呼。剩下的土匪见对手如此厉害，早已吓破了胆，他们的头子又已丧命，再也无心恋战，抱着脑袋，四处逃命去了。从此，土匪再没嚣张起来。

消灭了匪患，当地百姓奔走相告，拍手称快。有的人家还放起了鞭炮，以示庆贺。人们又可以安居乐业了，浏河镇呈现一派安宁景象。也是这次的铲匪行动，吴仲裔成了家喻户晓的英雄人物。

父亲的勇敢精神，对吴健雄毅力和恒心的形成，不能不说有一定的潜在影响。

6. 办女子学校

使吴仲裔闻名遐迩的不仅是铲除土匪这件事，还缘于他另一个惊人之举，即办女子学校。这在当时不能不说是件爆炸性新闻，因为它是打破几千年旧观念的一个大胆的举动。

封建社会，女性的地位极其低下，从小就要负担家务劳动，更有甚者被卖给他人做童养媳，受人欺凌是常事。女性没有发表意见的权利，那时宣扬的是"女子无才便是德"。一句话，女人要做男人的奴隶，不能有自己的思想。

铲除匪患后，吴仲裔深感家乡教育的落后。尤其是女孩子，小小年纪便失去了童年的欢乐。为此，他深感忧虑。

吴仲裔决计要创办一所女子学校。通过办学消除乡里的闭塞和愚昧，也以此来铲除人们重男轻女的观念。

然而创办女子学校又谈何容易？吴仲裔明知山有虎，偏向虎山行。

办学校首先得有地点、有教室。吴仲裔开始奔忙了。起初他想征一块土地来建造房舍，可是这样一来既需要钱，还要占地，花销大。更困难的是，从哪里募资？

时间一天一天地过去了，可是，校址一直没找到。吴仲裔心急如焚。

"哪里有现成的校舍呢?"吴仲裔不禁仰天长叹。

一天,他来到了商团的操练场,由于土匪已被铲除,操练场失去了往日的杀声和操练的景象。这个操练场不很大,原先是座火神庙的院落。这个庙宇早些时候因为匪患已无人来烧香供神,成了一个废庙,庙内倒也宽敞,光线尚可。吴仲裔眼睛一亮:就用它做教室了!

当天,他就去找镇上的几个乡绅做工作,动之以情,晓之以理,终于被他说通了。为了尽快建成学校,他带人拆掉了庙里的神像,又对庙内进行一番修整,还修建了一座大门,上面题着"明德女子职业补习学校"几个大字,自己亲任校长,还请来吴健雄的母亲和姊姊来帮忙。

拆了火神庙里的神像,乡民们思想上不太愉快,虽然那是座废弃的庙宇,可神像在乡民的心目中可是不容许冒犯的。吴仲裔适时、恰当地处理了这一问题。在一个合适的日子里,他安排一行人将火神庙里的神送到另一座庙里,一路上吹吹打打,吸引了许多乡民,乡民们这才露出了满意的微笑。这件事对吴健雄教育很深,要想做有益的事,还得适应环境,讲究方法。

女子学校建起来了,可上学的女孩子却寥寥无几。

根除几千年的传统观念,谈何容易?吴仲裔知道事情的艰巨性,就带领吴健雄走东家串西家,去说服乡民把他们的女孩子送到学校。后来吴健雄的母亲和姊姊也走出家门,挨家挨户去动员。考虑到乡民们的承受能力和女孩子的专长及农家生产、生活的需要,他提出这样几项政策:不论贫富,一视同仁,学杂费书籍费免交;有的女孩,还有需要照顾的弟弟,可以带来一同上学。教学内容要新颖,不但教授传统的一些科目,也教授注音符号,还教些缝纫、刺绣、园艺等实用手艺。

吴仲裔的教学主张及行动,加之他们的说服和动员,很快就吸引了许多乡民,他们把子女送到了明德女子学校。从此,这座学校有了琅琅读书声。后来,从浏河这个小地方,去上海、苏州等地读书的女孩子,竟然达到 50 多个,可以说是明德女子学校的功劳。

后来,这 50 多个女孩子,在传播知识、征服愚昧和落后的过程中,哪怕自己微弱得像萤火,也献出了自己应有的力量。

在创办女子学校的岁月里,父母亲的忙碌及亲人的共同参与与努力,尤其是同父亲挨家挨户地做工作,使吴健雄亲身感受到父亲传播文明与知识、战胜愚昧与无知的勇气和决心。这位经历过五四新文化运动洗礼的长者,把科学救国的思想,深深地扎根在吴健雄幼小的心灵里。

7. 家乡的紫薇树

吴健雄的父亲是位见过世面的人。他在上海就读时,就对上海的学校建筑和环境印象很深。为给家乡的学校营造一个好的气氛,他在校园里外都栽下了许多树,而最引人注目的是紫薇树。这也是他最钟爱的树木。

紫薇树,青翠欲滴,枝繁叶茂,在江南四季常青,与其他树木一起掩映着女子学校,和着琅琅的读书声,那些树木发出的淡淡的清香,沁人心脾。置身于如此环境读书、识字、学艺,实在舒心、快活。

小健雄到了该上学的年龄了,她也来到了父亲的学校。这个文静的小姑娘,聪明好学,学习进步很快,同学和老师都特别喜欢她。

遨游在知识海洋中的她,更多地得益于中国传统的文化熏陶。

"己所不欲,勿施于人",教育她做善良、正直,有益于他人的人。

孟子以拯救天下为己任的博大胸怀,为历代仁人志士所敬仰,所继承,其"乐以天下,忧以天下"的思想也激励着吴健雄为"天下"而读书。

孔子的"知之者不如好之者,好之者不如乐之者"的学习境界,不仅为少年的吴健雄所追求,而且也化为她一生的行动。

儒家的伦理思想,讲授做人、待人的道理。吴健雄从中感受到了它的温馨,也深深为之鼓舞。"爱人者,人恒爱之;敬人者,人恒敬之。"这类至理名言,不仅深深地烙印在吴健雄的脑海里,而且对她的人格成长和发展都产生了重大的影响。

吴仲裔在教育上主张兼容并蓄,要求学生全面发展。吴仲裔注重引导学生们掌握传统文化的精髓,对吴健雄更是如此。

一天,放学回来的吴健雄向做校长的爸爸问道:

"爸爸,宋朝女词人李清照很有才气,也很有名气是吗?"

吴仲裔答道:

"是的。她不因自己是个女人而甘于落在男人的后面。她敢发挥自己的才华,很了不起啊。"

吴仲裔接着又说道:

"薇薇,你应该向她学习。知道吗,她不仅词写得好,而且诗写得也不逊色,其中有一首更是脍炙人口。"

"哪首诗呢?"吴健雄渴望知道。

"是一首七绝。我诵给你听。"于是,吴仲裔便清了清嗓子,吟道:

生当作人杰,
死亦为鬼雄。
至今思项羽,
不肯过江东。

吴仲裔吟罢，只见吴健雄拍手叫道：

"的确是首好诗。"

"薇薇，她虽为女流，却是位巾帼英雄。四句诗，有如此大的气魄，真是气吞山河。"

听了爸爸的话，吴健雄若有所思地点了点头。

此次谈诗以后，女孩子照样可以做大事的思想，再次启迪了吴健雄，使之久留于心中而不散，最终成为一种信念，直至她成长为一名世界级的科学家。

在那个旧时代，在一个偏僻小镇里，却有开风气之先的启蒙教育，足见吴仲裔的开明。不但吴健雄的成长得益于这位开明父亲的教诲与影响，而且女子学校的那些女孩子，也都受益匪浅。

8. 郑和下西洋的故事

在浏河镇的镇中心，有座天妃庙。庙门前有个广场，吴健雄的家在广场的右侧，离这里很近。小时候，吴健雄与哥哥、弟弟经常在那里玩耍，留下了童年的笑声和欢乐。

一天，他们兄妹三人又在天妃庙的院落里玩耍，慈爱的父亲来到了院门前。眼尖的吴健雄一眼就看到了，欢呼起来：

"爸爸来了！"

哥哥和弟弟闻声,脸上也绽出了笑容。爸爸很快就加入他们的游戏中。玩着玩着,爸爸忽然说道:

"这里有块石碑,很有纪念意义,你们想不想看?"

"我们想看!"三个孩子异口同声地说道。

"好,跟我来!"

在爸爸的带领下,他们来到了一块石碑前。

"这是一个事迹碑,记述的是三宝太监郑和航海的事儿。"

"郑和是谁呀? 为什么要航海?"

"说来话长,让我慢慢给你们道来。"

三个孩子屏声静气地听着爸爸的讲述:

"郑和原本姓马,小字三宝,出生于云南昆阳州(今晋宁)的一个回族家庭里。"

"姓马好好的,干吗要改姓呢?"弟弟不解地问。

哥哥打断弟弟的话:

"听爸爸说呗。"

吴仲裔充满爱意地看着孩子们,抚摸了一下弟弟健豪的脑袋,继续说道:

"明代洪武年间,他被收入宫内,做了一名小太监。后来,在燕王朱棣争夺皇位的战争中立下了军功,因而得到了朱棣的赏识。朱棣当了皇帝后,就赐给他姓名为郑和,还让他做了内官监太监。从那以后,他原来的姓氏,慢慢地就被人遗忘了。"

"郑和的祖父和父亲都信奉回教。1403 年，他又得到朱棣的亲信、著名的和尚道衍的指引，接受菩萨戒，又成了佛门弟子，法名福善。因此，人们称他为三宝太监。"

"噢，原来是这么一回事呀！"弟弟像是很懂事地说道。

"还在他小时候，他的爷爷和爸爸都曾到过伊斯兰教的圣地麦加去朝圣，与阿拉伯商人有过接触，得知那里的风土人情。回来后，他们常常向家人讲述他们的所见所闻。异域的风光、习俗、衣着和饮食，与中国人大不相同，郑和听了很开心。

"所以，当朝廷想加强与其他国家的联系时，就想到了他。还有个原因，就是郑和身兼回教徒与佛教徒两种身份，有与西洋各国的回教徒或佛教徒相互交往的便利条件。

"1405 年，郑和率领庞大的舰队，水手、官兵 27800 余人，乘坐'宝船'62 艘，浩浩荡荡，远航西洋。"

"那天，送行的人一定很多吧。"弟弟还是忍不住，又插嘴说道。

"是很多。知道他们是从哪里出发的吗？"

"哪里呀？"

"就是我们这里。他们是从我们这个镇上出发的，到占城、爪哇、苏门答腊、斯里兰卡等国家和地区，最后到了印度西岸才返回，回国时已是两年之后。以后又六次出海远航。前后经历 28 年，到过 30 多个国家和地区，最远曾到达非洲东岸、红海海口。

"他们所乘的船,最大的长44丈零4尺,宽18丈,可容四五百人。"

哥哥听到这里,赞叹道:

"乖乖,那时候我们国家就造有这么大的船!"

"是的,宋元以来我们国家的造船与航海事业已经相当发达,这是我们引以为自豪的。"吴仲裔很骄傲地说。

"就说郑和他们的航行吧,比西方哥伦布、达·伽马等的航行早半个多世纪,船队规模与船只之大,都是西方无法相比的。

"由于郑和他们要远行许多国家,所以船上除了装礼品和商品外,还备有充足的粮食、淡水、盐、酱、茶、酒、油、烛、柴、炭等多种生活用品。最大的船上,还装有九桅、十二帆,航行起来,蔚为壮观,气势磅礴。"

弟弟又插嘴问道:

"船结实吗?走到半路坏了怎么办?"

爸爸说:

"船结实着呢!不仅篷、帆、锚、舵结实牢靠,而且非常符合科学原理。"

"夜晚他们怎样航行呢?"这回轮到吴健雄沉不住气了。

"人们当时就利用天文知识进行夜航,观看星斗,用水罗盘定航向。关于船上如何储存淡水,对船的稳定性、抗沉性等都作了合理的解决,所以才保证船只一次次地畅通无阻。"

吴健雄由衷地赞叹道:

"真了不起。"

"是了不起。更了不起的是郑和所做的贡献,拓展与亚非各国的联系,促进中国和亚非各国的经济与文化的交流。

"作为明王朝的政治使节和商务代表,郑和每到一国,就向该国国王、酋长等赠送珍贵礼品,表示愿意通好的诚意。在双方的协议下,进行了彼此互利的贸易。比如,用瓷器、丝绸、铜铁器和金银等换取了当地的特产。因此,赢得了所到国家的欢迎,促进了明王朝与邻近各国的友谊。"

"这是值得特书的一笔。"哥哥在一旁很肯定地说道。

"是的,不仅我们国家为他树碑立传,他所经过的地方也有人纪念他。例如,在印度尼西亚有三宝垄,泰国有三宝港,马来西亚的马六甲有三宝城。这些名称都是对郑和出使该地的纪念。我国西沙群岛中的永乐群岛,南沙群岛中的郑和群岛,也是为了纪念郑和的航行事业而命名的。

"郑和七次下西洋,还有一个贡献,就是他曾经绘制了《郑和航海图》,对于航向、停泊港口、暗礁、浅滩的分布等,都作了比较可靠的记录,是我国早期有关海洋地理的珍贵地图。还有伴随郑和下西洋的通事马欢著有《瀛涯胜览》,费信著有《星槎胜览》,巩珍著有《西洋番国志》等,这三本书,各自记录了海外各国的风土人情、山川分布以及当地居民的生产和生活等情况，是研究当时各国历史的珍贵史料。"

那天，父亲为三个孩子讲了很多很多，他那激动的声音久久回荡在广场上。

从那以后，郑和下西洋的事迹便深深地刻在吴健雄的心中，她立志也要像郑和那样，做出一番大事业来。

多年后，当她从家乡远航异域读书时，内心依然想着"郑和七下西洋"的故事。直至晚年，重返故土，她又来到镇上的郑和纪念馆，瞻仰郑和的塑像，她充满着崇敬之情，对身旁人说："我很崇拜郑和。"

三

在苏州第二女子师范学校,她第一次遇见了胡适博士。冬日的暖阳下,她入迷地捧读《新青年》。

叔叔从法国回来了,也带来了外面世界的传说。于是,当小学教师再也不是她的理想了。

1. 告别故乡

日月如梭,在春夏秋冬的更替中,历史的时针指向了1923年。

这一年,吴健雄进入人生的第十二个年头。在父亲创建的明德女子学校中,她以自己的努力和聪慧,圆满地完成了学业。有了一定的知识的她,也要像父辈和兄长们那样,到外放飞,踏上人生求学之旅。

报考哪所学校呢?吴健雄在选择。

最终吴健雄选择了苏州第二女子师范学校。她的选择源于她对教师这个职业的崇敬。父亲在创办学校中的言行,母亲、姊姊全身心地投入学校的工作,都给了她莫大的影响。在她的心灵里,教育事业是伟大的,当教师是光荣的,是老师把她从无知的荒漠中带到了知识的海洋里。

那一年,苏州第二女子师范学校招收的可不都是师范生,而是两个班的师范生,两个班的普通中学生。吴健雄毫不犹豫地报考了师范班。当然,她报考苏州第二女子师范,还有其他的一些理由,比如,读师范,吃饭可以不花钱,学费可以不交,而且毕业后可以找到工作等,表现了她处处替家人着想,为父母分担压力的孝心。

做一个自食其力的新女性,而不依附于男性苟活。吴健雄要掌握自己的命运,安排自己的命运,这是明德女子学校教育的成功,是足以让父亲感到慰藉的幸事。

吴健雄报考师范学校的动机固然令人称赞,可是,当时报考苏州第二女子师范学校的竟近万人,学校却只录取200人。吴健雄,这位在家乡小学就读的女孩子,能考上吗?

对此,吴健雄是自信的。

一个和煦的午后,江南一片葱绿,浏河镇像往日一样在承接了喧闹之后,迎来片刻的宁静。此时,吴家的二层楼也静静地矗立着,吴健雄在父亲的书房里,正手捧着一本书看得入神。

只听得吱吱呀呀推门的响声,一会儿,吴仲裔来到了书房,看见女儿聚精会神地读书,望着爱女直发笑。

吴健雄抬起了头,见爸爸直盯盯地望着自己,脸上还挂着笑,她被搞得一头雾水,不解地问:

"怎么了,爸爸,你干吗笑?"

"薇薇,有喜事啊!"

听说喜事,吴健雄的心紧了一下,是她企盼的消息吗? 稍一停顿,便追问了一句:

"什么喜事?"

"祝贺你呀,薇薇,你考上了!"爸爸由衷地说。

"真的?"听到这个消息,吴健雄真是喜出望外,不禁惊呼起来。

可是,她还不放心,又追问了一句:

"您怎么知道的?"

"看,这是什么?"爸爸从怀里掏出一张纸,高高地举着,在空中扬了扬。

"什么? 快给我看看!"

吴健雄一把将爸爸手中的纸抢了过来,展开一看,是入学通知书。吴健雄拿着通知书直乐,放在胸口上,闭着眼,像醉了一般,喃喃地道:

"我的愿望终于实现了!"

看着女儿高兴的样子,爸爸搂着女儿,激动地说:

"薇薇,不简单哪!你考了第 9 名,爸爸真替你高兴。"

父女俩沉浸在幸福的喜悦中。停了一会儿,吴仲裔像是又想起了什么似的说道:

"嗯,得为你庆贺庆贺,我去告诉你妈妈。"

爸爸说着,一转身出去了。

吴家的小院沸腾了。大家都为吴健雄高兴,她是吴家第一个女才子。

那天晚饭很丰盛,爸爸多喝了两杯酒——人逢喜事精神爽。饭桌上自然离不开吴健雄外出求学的话题。亲人们都希望吴健雄好,都希望她有大的出息。

不过,妈妈对吴健雄外出读书总还是放心不下,担心地说:

"小小年纪,一个女孩子家出去读书,多让人操心啊!"

"妈妈,你太小看我了,我会照顾自己的。"吴健雄很不服气。

"薇薇说得对,学校里又不是就我们家一个女孩子,总是不放心,她什么时候能长大呢?像小鸟一样,总有放飞的一天。"爸爸相信自己女儿的能力,对女儿也总是支持。

"不过,薇薇,在中学读书跟在镇上读书可不一样,这里全是你的亲人,那里你所接触的都是陌生人,而且吃住还在一起,一定要学会宽容,小事不能去计较。"爸爸语重心长地叮咛着,爱怜地看了女儿一眼。

"我记住了，要学会胸襟宽广。"吴健雄神情严肃，似乎有一种决心在里面。

婶婶在一旁也插嘴道：

"真羡慕你，薇薇，我就没赶上你这个好时候，一定要珍惜这个机会。"

岂止是婶婶、妈妈羡慕她，同辈的姐妹不知又有多少对她羡慕不止呢！

听了婶婶的话，吴健雄认真地点了点头：

"我会的，大家放心吧！"

那天晚上，吴家小楼浓浓的温馨，在湿润的月色里尽情地飘荡，和着家乡紫薇树的芳香，最后融入了吴健雄的心底。

经过多天的准备，吴健雄终于踏上了求知的旅途，回眸一瞥，家乡已在雾色朦胧中。

2.苏州第二女子师范

吴健雄离开了生活 11 年的家乡——浏河镇，来到了风景如画的苏州城，那里离家有 50 里地之遥。

苏州是中外名城，它那玲珑秀丽的园林，山水相映，建筑绮丽。只见那房舍飞檐走壁，钩心斗角，红墙绿瓦，煞是好看，曾吸引过许多文人墨客。

苏州的名气，不仅仅来自它自身的自然景观，还得益于苏州第二女子师范学校这一人文景观。苏州第二女子师范学校在当时的名气可是大得盖了帽了！许多国外教育家都因为这所学校的名气才来到苏州参观，在参观学校的教育时，才注意到了苏州的美丽。苏州在参观者的心中，就像一个面容姣好而才华横溢的少女，让人爱慕不够。

苏州第二女子师范学校为什么会有这样的名气？这是因为苏州第二女子师范学校当时有一位了不起的女性，她叫杨诲玉，任女子师范学校的校长。她有很多新的观念，是一位很有眼光的教育家，在那个时代很难得。毕竟是 20 世纪 20 年代，封建王朝被推翻不过 10 年。我们应该感谢五四新文化运动，它洗礼了一批年轻人，包括许多女性。杨诲玉正是在"五四"科学与民主思想的熏陶下，脱颖而出，才创办了这所既有中国优秀传统，又有新特色的女子学校的。

她的大胆创举之一，就是在女子师范学校办了多项实验教育。她一反过去传统的教材，而是根据生活实际的需要和当时国家的需要，编订教材。这些教材在课堂上讲授后，深受学生和家长的欢迎，如女子的家庭教育，对家庭经济的管理，对子女的教育，扶持丈夫的工作及缝纫、烹饪等，都很符合生活实际需要。

女子师范学校经常邀请一些著名的学者到校演讲，其中包括一些国外的著名学者。这一举措，不仅使学生眼界大开，学校的学术气氛为之活跃,而且,带来中外文化的交流与比较。在当时,国内许多教育家都慕名前来参观学习,它的声誉,自然吸引了众多学生神往,学校由此汇集了各地优秀女学生。

校长杨诲玉在任用教师上更是想尽了办法。她除主动写信邀请优秀教师来此任教外,还以女子师范许多新的尝试吸引优秀人才前来应聘任教。具有良好素质的教师队伍,使学校越办越红火,名气越办越大。

这些学生也是从内心里感激这所学校的教师对她们的栽培。她们当中,有许多人表现得很优秀,后来,还用自己所学的知识,为祖国服务。

几十年后,吴健雄在耄耋之年还能忆起当时学校的情景:

学校常常邀请著名的学者来学校讲学,其中有很著名的大教育家和思想家杜威,还有一位叫孟禄的学者。

杜威是美国哥伦比亚大学教育学院的教授,在哥伦比亚大学长期做研究工作和教学工作。杜威的思想影响很广很深,他注重生活经验的教育理念。他的理论自成体系,后来发展成为一个流派。由于杜威的理论与时代贴近,而且开时代之先风,所以对美国和人类教育思想都产生过重大影响,并由此而饮誉国际教育界。

杜威的讲授,使吴健雄和她的同学们深受启发,同时也拓宽了思路,在教育求知的认识上,又产生了新的见解。

使吴健雄饶有兴趣的是,这些大教育家竟然来到她的班上,参观她们的家政课。同学们自然非常高兴,报以热烈的掌声,并拿出她们的绝技,让从万里之遥赶来的美国教育家亲自尝到了中国女学生的手艺,中国的饭菜当然 OK(棒;好)。

更使吴健雄做梦也没想到的是,20 年以后,她远渡重洋,来到杜威所在的大学——哥伦比亚大学,也在那里做教学与研究工作,而且一待,竟然长达 36 年之久,直至退休。这也许是人生之缘。

杜威是 1919 年 5 月 1 日到达中国的。杜威在中国住了几年,正是这几年的时光,他才有机会被邀到女子师范学校讲学。吴健雄也正是在他的演讲中,感受到了他的思想,并对此留下了深刻的印象。

3. 少女的抱负

走进美丽的姑苏城,跨进优雅的女子师范校园,吴健雄没有心思游赏潋滟湖水、小桥人家的美景,也无意被第 9 名的成绩所陶醉,相反,她认为与前 8 名相比,她是落后的。

她不敢懈怠。虽然在班里她年纪最小,个头也最矮,可她从来没把这些作为阻止自己刻苦学习的理由。

那时女子师范的学生装束很有意思,个个都穿着裙子,而且还把头发绾成一个髻，跟个老太婆似的。吴健雄也是这副打扮。

外表"小老太婆"似的吴健雄，内心却充满了少年的理想和激情。

"我要多掌握知识，将来做个合格的小学教师。"吴健雄经常暗暗地对自己说。

聪明过人的吴健雄，加上她的努力、刻苦，成绩一直领先，不久就成为同学们的谈话对象。一次，一个外班的学生问吴健雄的同班同学：

"哪位是吴健雄？"

"喏，就是个子最小的那位。"

"听说她的功课非常好。"

"是的，别看平时话不多，但人非常聪明。"

"她有什么诀窍吗？"

"什么诀窍？就是一学习就拼命。"当时学校是以功课的好坏来评价学生的，吴健雄的盛名也引起了高年级同学的注意。她们慕名主动来找吴健雄，并把她带到她们的教室。这种尊重的表示，使她们很快建立起了友谊。

有一天，吴健雄在吃饭时碰到了一位朋友。她的这位朋友是普通中学班的。在互相介绍课程中，她才了解到，普通中学班比她所念的师范班多开了许多科学课程和英语课程。

"怎么办？我不能少学知识，得想办法补救。"

要强的吴健雄从来是不服输的。她静下心来，想到每天晚上8点至10点是学校晚自习的时间，晚自习后，普通中学班的同学做完了功课，她就可以把人家的课本借过来，自学数学、物理和化学。

　　"对，就这么办。"

　　吴健雄的眼睛里闪烁着智慧的光芒。从此，夜里她常常学习到很晚很晚。科学打开了她的逻辑思维的天赋，让她兴奋，科学的奥秘越来越吸引着她去探求。

　　求知，吴健雄是从来不怕难，不畏缩的。虽然吴健雄天分很高，但自学数学、物理和化学，也难免遇到拦路虎。她从未放弃学习和钻研，碰到一个难题，一个解不开的疙瘩，她总是想啊，想啊，用不同方法去解题，从多种角度去思考。问题不解决，她绝不睡觉。正是这种顽强拼搏的精神，她战胜了一个又一个的困难。

　　科学最终把福音带给了她。

　　吴健雄可不是不谙世事、死读书的人。对于知识，她有着广泛的兴趣。还在明德女子学校时，她在国学和文史方面就已经显露出了才华，而且，文章也写得非常好，老师对她评价很高。

　　有一次，她用白话文写了一篇关于学校运动会的文章。文章写得极好，老师夸赞不止，并批上"笔大如椽，眼高于顶"的评语。作文发下来，吴健雄自是高兴不已，得意了几天。放假回家,她还专门带回去给父亲看,然而父亲却沉默不语。

吴健雄按捺不住,就问父亲:

"您看我写得怎么样?"

父亲看了她一眼,然后语重心长地说:

"这篇文章乍一看挺好,但给人感觉有点空洞,写文章应言之有物。"

父亲冷静的话语,无疑给吴健雄浇了一兜凉水,使她立即清醒了。父亲的话深刻地教育了吴健雄,她认识到了自己的差距,认识到学习要踏实再踏实。在后来的科学研究的道路上,吴健雄把踏实、求实的作风贯穿于始终。

在女子师范,吴健雄读了许多书,是书帮助她认识到世界科学的发展及许多新生事物,其中有两本书最使她感兴趣:

一本是在法国发现镭而举世闻名的居里夫人的传记;一本是拿破仑的传记。

居里夫人作为一位女性,把智慧发挥得淋漓尽致,在科学上所做的贡献,令吴健雄敬佩不已;而居里夫人所研究的科学本身,更使吴健雄非常感兴趣。

拿破仑则以他的顽强意志力深受吴健雄佩服。他的演讲也颇有人情味,很能打动吴健雄的心。

吴健雄通过博览群书,学会了思考,增长了见识,也在寻找着自己的人生方向。但是,这一切,都是在为做一名合格的小学教师而做着准备。

4. 遇到了胡适

"五四"之后,胡适在当时的中国影响很大,这位在美国哥伦比亚大学取得博士学位的年轻的北京大学教授,满脑子新思想。

他以反对一切旧传统的腐朽为己任,积极倡导白话文,摒弃文言文,认为文言文陈旧,广大人民群众不易读懂,而且影响内容的表达。而白话文则是优美适用的,有着勃勃的生气。同时,他又倡导了"文学革命",提出不模仿古人,不作无病呻吟,剔除滥调套语,要言之有物、讲求文法、不用典等主张。

胡适把自己的主张率先用文学作实践,当时的《新青年》《努力周报》等杂志上,经常登有他的文章。于是,他也就成了众多青年的仰慕者。而主张新思想、新方法的苏州第二女子师范学校,自然就把反映新思想、新主张的《新青年》《努力周报》等杂志,收集到校内的图书馆里。

一天下午,冬日的暖阳斜照在图书馆的阅览室里,吴健雄又像往常一样,把主要科目的书看完后,借来《新青年》《努力周报》等杂志阅读。

吴健雄很喜欢《新青年》,它的新思想、新观点,对她很有启发,也影响了她学生时代思想的确立。也正是《新青年》,她对胡适有了一定的认识。

吴健雄坐在图书馆的阳光里,享受着胡适文章的美感,心里特别惬意。胡适的文章不但语言优美、动人,而且内容新颖,显露出渊博的知识,还很富于哲理。吴健雄早已被他的文章所打动,对他的新颖思想,也是早已心向往之的。

有同学曾经告诉过吴健雄,胡适的演讲也很精彩,善于比喻,还很诙谐,口才则更漂亮。吴健雄此时在想:什么时候能亲自聆听他的演讲呢?

机会终于来了。

女子师范学校在邀请众多著名学者来演讲时,邀来了胡适。

每一次著名学者的演讲,校方都派有专人记录,此次也不例外。由于校方知道吴健雄文史方面的天赋,文章写得也漂亮,而且还很崇拜胡适,就决定让她来做记录。那天,校长杨诲玉找到了吴健雄,直接告诉她:

"吴健雄,知道你一向喜欢胡先生的思想和文章。这一次就由你来把演讲记录下来,好吗?"

吴健雄听了校长的话,心里特别高兴,连忙点头答应道:

"我一定要好好地把胡先生的话记下来。"

那次胡适演讲的内容是关于妇女的问题,讲了妇女如何在思想上走出旧传统,谈了新时代的妇女的社会责任,这些对于女子师范的学生来说,具有非常现实的意义。胡适的演讲博得了满场的掌声。而他的新思想,更让做记录的吴健雄心潮澎湃,激动万分,往日的崇拜又增加了许多。

那天演讲后,吴健雄仍觉得不过瘾,她在校长那里打听到,胡先生第二天要去附近的东吴大学演讲,就约了同学,专门跑去,再一次聆听了胡适的新思想。

多年后,吴健雄涉洋求学,在科学道路上的努力和思想方法,不能不说与胡适思想的影响有一定的关系。

当然,直接的影响,应当说是来自她那位从海外归来的叔叔——吴琢之。

5. 叔叔的归来

当年因参加五四运动,率领工人上街示威游行的叔叔,为躲避当局的缉捕,1919 年 7 月,他与同行者 50 多人乘船渡海来到了巴黎,度过了 6 年勤工俭学的生活。

在巴黎,吴琢之不仅系统地学习了国外的先进技术和科学知识,而且还接受了法国革命思想的熏陶,也更加坚定了用科学、用先进的技术来改造满目疮痍的旧中国的决心。

1925 年,吴琢之终于学成回国了。

一踏上国土,吴琢之真是心潮澎湃,这就是梦寐萦怀的祖国吗？这就是魂魄牵系的祖国吗？祖国,你还是那么贫穷、那么落后。今日游子归来,要回报,要尽心。

站在黄浦江畔,他真想大叫一声:"祖国,我回来了!"

吴琢之的归来,给吴家带来了喜悦和激动。最高兴的要数吴健雄了。叔叔在国外这么多年,肯定有不少的听闻和见识,吴健雄哪里肯放过叔叔?

1919 年,叔叔离家时,吴健雄刚满 7 岁,还是个不谙世事的小姑娘呢,而如今的吴健雄已成长为一名中学生了。望着长大了的侄女,叔叔好高兴啊。在侄子、侄女中,他是最喜欢吴健雄的。

在吴健雄的眼里,叔叔好像也变了许多。小时候,叔叔不像爸爸那样身材修长,面孔瘦削,而是高高大大的,一副国字脸,给人的感觉是血气方刚。那时,为"五四"精神所振奋的他,时常激动地向家人讲五四运动的新鲜事。

多少年过去了,往事却历历在目。不同的是,叔叔好像更刚强了,更有雄心了,也更有学问了。

几年以后,叔叔把他的知识、雄心用于汽车制造事业中,创办了江南汽车股份有限公司。由于他与吴仲裔的共同努力,几年后,这个公司一跃成为 20 世纪 30 年代国内规模最大的一家商办汽车公司。

江南的空气是湿润的、宜人的,一年四季都有它的特色。江南的文化就隐藏在那淡淡的水、淡淡的雾、软软的语和别致、精巧的房舍里。

这样的水色修养着人性,这样的文化也滋润着人的品格。

逢节假日,吴家人都会来到浏河镇那个老宅子团聚,共享天伦之乐。吴健雄也会从学校赶来,享受家的温暖,亲人的关爱。而每一次,她都特别喜欢向叔叔讨教,打听外面世界所发生的故事。

叔叔也非常高兴向她介绍自己多年的经历,巴黎的学堂在讲些什么,科学技术发展到了哪一步,工厂都是用什么机器进行生产,蒸汽机如何得到了广泛的应用,西医是怎样给人治病,还有巴黎的其他革命思想。

每听到欧洲先进的科学技术,吴健雄就激动不已。

一次,听完叔叔兴致勃勃的讲述后,吴健雄不无感慨地对叔叔说:

"叔叔,我们太落后了!"

"是的,薇薇,这就更需要我们努力学习,努力工作!"

叔叔看了一眼吴健雄,又说道:"薇薇,有机会应该到国外去学习!"

"是的,叔叔,我也这么想。"叔叔的话说到了吴健雄的心坎上了。她的眼睛移向远处,像是憧憬着什么。

"如果我也能去法国学习多好啊,居里夫人就是在那里发现放射性元素镭的。"吴健雄自言自语地说。

"不过,现在科学最进步的是美国。居里夫人应邀去美国讲学时,得到了美国的广泛赞誉,美国人更尊重科学,而且具有精良的科学研究所需的试验设备。"

说到这儿,叔叔停顿了一下,又说道:

"如果居里夫人是在美国求学研究,恐怕早就成功了。"

叔叔的这句话,对吴健雄震动很大。当一名小学教员已不是她的最高理想了,她要献身于科学研究。

四

　　每当别人进入梦乡时,吴健雄还在她的小屋里,让知识陪伴着自己。摇曳的烛光,把她的身影放得很大很大,投射到小屋的墙上。

1. 结束了中学生活

　　充满幻想的中学生活,紧张而又有秩序。听老师授课,做作业,听学者演讲,在图书馆里废寝忘食,迎酷暑,送严冬,不知不觉中,吴健雄已度过了6年的时光。

　　6年的时光,将一个小姑娘造就成胸有大志、展露出一定天赋和知识才能的亭亭玉立的少女了。

　　1929年,吴健雄17岁。

　　吴健雄凭着优良的成绩结束了苏州第二女子师范学校的生活。由于她的成绩和平时的突出表现,她被学校保送到南京的中央大学。

面对着未来，她踌躇满志。

由于吴健雄读的是师范班，按照当时的规定，不能马上到大学读书，需要先当教师，尽一年的教学义务。所以，中学毕业后，吴健雄没有立即去中央大学。

已有凌云壮志的吴健雄，哪能被小学教师的职业束缚住理想？由于当时师范服务的规定不很严格，所以，那一年吴健雄没有去教学。

不教学，可不能闲置时间，她要用这宝贵的时间来充实自己。做什么呢？当时吴健雄还没考虑好，只有先回到家乡。

沐浴着夏日的阳光，吴健雄回到了家乡浏河镇。父母亲迎来了多年在异乡求学的女儿，内心充满着说不出的激动和喜悦。

几天之后的一个傍晚，吴仲裔让女儿陪他到外面走走。

他们沿着浏河走去。晚风吹拂下，顿觉凉爽，吴仲裔开始拉开了话题：

"薇薇，中学毕业后，有什么打算吗？"

吴健雄迟疑了一会儿，说：

"爸爸，我不想马上去做小学教师。"

"嗯，什么原因呢？"吴仲裔关切地问道。

"我想补习功课。虽说我在学校的成绩还好，可是我总觉得我学得还不够。"

"都是哪些方面差一些呢？"

"虽然我对数学、物理顶感兴趣,可是在深度上还很欠缺。"

"噢,你是想在科学上钻研了?"父亲看了女儿一眼。傍晚的视线下,吴健雄的表情很模糊。

听了父亲的话,吴健雄回答道:

"是的,爸爸。在进入大学前,我要做好多种准备,这样进了大学,才能尽快适应大学生活,也才能使学习顺利。"

"想得好啊。薇薇,你真是长大了,有自己的志向,也会安排自己了。爸爸支持你!"停顿了一会儿,吴仲裔又说:

"薇薇,目标一旦确定了,可要做到底啊!"

"爸爸,我会的。"

"我相信你的决心。"

"不过,爸爸,我在文史方面也需要再深学些,全面发展,才能全面进步。"

"说得对,但是凡事还得一件一件来。"

"嗯。"吴健雄非常认真地点了点头。

父女俩谈得很投机,一起度过了那个愉快的夜晚。

吴仲裔为了支持女儿的准备工作,还特意去书店买了几本理科书,有代数、三角、几何等。这对吴健雄真是莫大的鼓励,她也暗暗下决心:一定要勇往直前学下去,不辜负爸爸的一片期望。

那一年的暑假,吴健雄没有像别人那样放松自己,轻轻松松地度假,而是在科学的崎岖小路上努力地攀登着,伴着酷暑战胜了许多难题,补修了在女子师范学校没有学到的东西。

虽然,那年夏天她过得很辛苦,但是在心里,她十分感谢父亲对她的理解和支持。所有他人眼里的苦,她的体味却是很甜、很美。这就是知识的力量。

2. 中国公学之缘

正当吴健雄为进中央大学努力准备的时候,又一个机遇给了她。

一天的午饭桌上,吴仲裔对吴健雄说:

"薇薇,你不是还想学文史课吗?"

"是呀,爸爸,你有什么好主意?"

吴仲裔说:

"好主意倒没有,我听说大名鼎鼎的胡适先生现在正在上海中国公学教书。他可是一位好老师。"

"是吗? 胡适先生在中国公学教书?"

"你愿不愿意听他的课?"

"我当然愿意了。他不仅才学深厚,而且口才也很好。"吴健雄有些激动地说。

"那么正好可以利用假期去中国公学听课。"爸爸吴仲裔这样说道。

听了爸爸的话，吴健雄的妈妈很不高兴，就埋怨丈夫道：

"孩子学习了6年，好容易在家休假，你还要把她赶出去，我可舍不得。"

吴仲裔见妻子不同意自己的意见，就耐心地劝道：

"不是把她赶出去，而是为了她上大学学得更好，这还是薇薇的想法呢！"

"是的，妈妈，这是个难得的机会。"吴健雄在一旁央求妈妈道。

妈妈终于做了妥协，同意吴健雄去上海中国公学就读。

吴健雄多么兴奋啊，又可以见到胡适先生了，而这一次是作为他的学生聆听他的讲课。

几天以后，父母亲陪着吴健雄来到了上海，亲自把她送到了上海中国公学。

中国公学在当时是一所很有名气的私立学校，胡适兼任校长。早年，胡适也曾在这所学校就读过。在兼任校长期间，胡适以自身的号召力，吸引许多优秀学者前来任教，他自己也承担一门课程的教学任务。

胡适永远喜欢穿长袍，也总是留着"学士头"，给人的感觉，他不像是留过洋的博士。他那谦逊的面孔，总是一副微笑，那么多的学问，却平易近人，不仅教师们喜欢他，学生们也爱戴他。

胡适的课，学生们都非常喜欢听，甚至一般的教室都装不下他们。由于前来听课的学生众多，后来，他不得不改在大礼堂上课。

学生们之所以爱听他的课，不单单是他的讲授有内涵，还有个原因，是他的口才好，自始至终课堂上都是轻松和活跃的。那些爱打瞌睡的人，不仅不困了，而且精神十足，似乎他的语言就是兴奋剂。

胡适在美国留学的时候，口才经常得到锻炼，还多次在演讲会上获奖，他的演讲博得了广泛的赞赏。

在中国公学，胡适讲授的是"有清三百年思想史"。吴健雄来到公学后，当然毫不犹豫地选修了这门课。

吴健雄虽然那么崇拜胡适，而胡适却一点儿也不认识她，只是在后来的学习成绩中才发现吴健雄是一名好学生，并以有吴健雄这样的弟子而感到高兴。

后来他向别的教师打听，得知吴健雄不仅对他讲授的那门课学得特别好，杨鸿烈先生的历史课、马君武先生的社会学也都学得非常好，总是 100 分。

吴健雄学习用功、刻苦，还爱动脑筋，慢慢就得到了老师的赏识，成了胡适得意的弟子。胡适对吴健雄亦独有栽培。

青春年华的吴健雄，不仅面容姣好，学习优秀，而且待人温和、谦虚，穿着朴素大方。课堂上，她用心听讲，专心致志。她的聪颖和学习上的进步,也得到了许多同学的赞誉。

吴健雄在这所学校里,不仅学习了胡适讲授的中国文化知识,还系统地学习了一些科学课程。这些都为她进入中央大学提前做了准备。

3. 跨进大学门槛

一年的时间很快就过去了。

经过在家自修和在中国公学的功课补习,吴健雄已做好了大学前的各种准备,坚定了她求知的信心和勇往直前的信念。

1930年,在一个秋高气爽的日子里,吴健雄来到了南京。

南京没有苏州的娇小与婉约,也没有上海的商业气氛浓厚。

南京是一座历史古城,名胜古迹众多,有着浓郁的文化气氛。辛亥革命胜利后,当时政府即建都于此。南京还有八朝古都之称。历代王朝之所以选中它做国都,大概缘于它的雄浑的气势和缭绕于山下城外那淡淡的、神秘的云雾。

一踏进校园,吴健雄便被校内的欧洲文艺复兴时期的建筑风格所吸引。坐落于这样一个承继着古老中国文化的都城里,中央大学却崇尚着欧洲文艺复兴建筑风格,它所推崇的思想,它办学的特色由此可见一斑。

眼前的欧洲风格的建筑,又勾起了吴健雄留洋求学的念头。

"我应该从这里走出去。"吴健雄对未来提出了挑战。

吴健雄来到了女生宿舍。宿舍也属于欧式建筑,周围环境极为秀丽、优雅,桂花飘香,松柏挺立,绿树葱茏中,又有赤紫点缀。静谧中,微风和着虫鸣。这真是学习和休息的极好之所,也是修身养性的好去处。

吴健雄马上喜欢上了这里。正是在这里,她走上了正式学习科学的道路。

吴健雄顺利地进入了中央大学的数学系。

学期一开始,这位秀丽的女学生,便显示了她的实力,她的刻苦钻研精神与她的睿智的头脑使她很快超然脱颖而出。这个娇小的女性,在她的躯体内隐藏着强大的意志力。可是表面看来,她又那么温和、诚恳和谦逊,有着良好的东方女性温文尔雅的素养,难怪老师和学生都那么喜欢她。

在数学系学习极为顺利的吴健雄,一年后,却转到了物理系。当时系里的许多同学以及有的老师都不大理解,他们认为吴健雄会在数学上有所建树的。殊不知,她对物理更是情有独钟。正是物理的学习与研究,才把她推向了世界级的科学家宝座。

当然,那时的吴健雄对后来尚没有预知。

那时的吴健雄对于 20 世纪初物理领域的迅速发展也知之甚少,只是对科学的热衷追求,对居里夫人以女性开拓物理的新领域崇拜罢了。

　　吴健雄在中央大学致力于物理学习时,近代物理学在欧洲已悄然发展。

　　19世纪的末期,伦琴射线、放射性和电子的发现,极大地推动了20世纪物理科学的改造。1900年,普朗克能量量子概念的提出,导致量子力学的建立;狄拉克的正电子和其他反粒子是通过量子理论的数学推导而预言其存在的理论;爱因斯坦提出的相对论,都标志着新物理学时代即将到来。

　　相对论和量子力学分别抛弃了经典物理的时空观和决定论,这种对牛顿世界图像基本框架的突破,使科学向着更深刻、更广阔的天地发展。

　　20世纪初创立的量子理论和相对论,构成了近代物理学的基础,可以用来解释原子、原子核和基本粒子的亚微观和高速现象。

　　世界物理科学的空前发展,营造着一种科学的气氛,虽然吴健雄尚未感觉到,物理科学之手已把她拉到了这一发展的轨道。所以,吴健雄改选到物理系学习,与其说是她对物理科学的喜爱,倒不如说是物理科学对她的青睐。

　　中央大学的物理系,聚集了许多有造诣的教师,其中曾在欧洲跟随过居里夫人做过研究的施士元,也在这里任教。

　　施士元是1929年冬赴法跟随居里夫人在镭研究所学习的。

他曾出色地完成了锕元素的核谱测定工作,并与居里夫人一起,发现 α 射线精细结构的能量与 γ 射线的能量严格相等。此项核物理研究的重大发现,为后来人类进行的原子弹的研究、原子能的实验,奠定了一块很重要的基石。

施士元在法国取得博士学位后回国。在中国,他主要致力于中国的核物理学的开创和发展,是我国核物理学的奠基人,也是居里夫人为中国培养的唯一一位物理学博士。

施士元先生在法国从事的核谱测定工作、核物理研究等,通过在中央大学的授课,直接影响吴健雄对核物理和物理实验的喜好,并对其未来的科学研究生涯,有很大的启迪和帮助。

4. 以居里夫人为榜样

吴健雄来到物理系真是如鱼得水,物理科学像一把火炬指引她在黑暗中向着光明走去。

然而,科学不是一开始就会被社会所容纳的。哥白尼、伽利略在为人类寻找科学的光明中,几近以生命作为代价。科学的革命是对腐朽的宣判,腐朽者自然要反对科学。也正是教廷的火刑柱,点燃了科学革命的火山。科学,一天也没有停止过它的前进步伐。

科学上的先驱者的英勇事迹深深打动着吴健雄,要奋斗就得有牺牲。科学要一代一代相传,科学要一天一天地发展。吴健雄有感于此,全身心地投入学习中去。

吴健雄又一次以自己的智慧和努力赢得了众人的赞誉,还得到了老师的奖赏。然而她没有为此而陶醉,她总觉得自己还差得太远太远。

吴健雄早年就对居里夫人敬佩不已,在这里遇到了当年追随居里夫人做研究的施士元,她觉得这是难得的机会,就常去施老师那儿询问居里夫人的事迹。

施士元对自己的恩师非常尊敬、爱戴。他时常回忆起居里夫人不屈不挠的性格、严谨的工作作风和对科学执著追求的精神。恩师对他严格的训练和指导的往事,尚历历在目,他就毫不保留地告诉了吴健雄,也以此勉励吴健雄更加勤奋地去学习。

吴健雄深知老师的用意,从来不曾懈怠自己。

当有的同学看到吴健雄忘我学习的劲头,甚至为一道题不吃饭,不睡觉,直至把它解出来才罢休,都不解地问她,何必这样苦自己。

吴健雄每遇到此,脸上总带有崇敬的神情,向同学们讲述着居里夫人的故事。居里夫人是她前进的动力,是她学习的典范。

居里夫人的确令人尊敬。

在她小的时候,祖国沦为殖民地,她和她的国人一样不能说自己民族的语言,心理承受着难以言说的压抑。刚上学,母亲又离开人间。她过早地失去了母爱。

然而，生活的磨难绝不止于此。

为了求学，她给别人做家庭女教师，受尽了欺凌，好不容易出国求学，又常常为贫穷所困。

为了学习，她甚至忘记吃饭而晕倒在书桌前。她的研究，是在棚屋和简陋的设备下完成的。当她成为世界瞩目的科学家时，还没有出席会议的正经衣服。

尤其是在她的丈夫去世后，她以坚强的毅力又挺了过来，一边哺育孩子们成长，一边继续她的研究。

这些怎能不让一个中国的少女为之动情呢？居里夫人以她的人格力量征服了吴健雄。而她在物理科学方面的成就，又向世人展示了女性的智慧和才华，也极大地鼓舞了吴健雄。

"以居里夫人为榜样"作为一种信念早已深深地埋在了吴健雄的心里，最终化成一种行动，表现在她刻苦的学习中。

吴健雄初入大学时，是与别的同学住在一间屋里，因她常常熬夜，怕影响别人的休息，也为了自己更安心地学习，后来换到一间独居的屋子里。

那间屋子很小很小，只能放下一张桌子、一把椅子和一张单人床，这个小小的天地，吴健雄却把它当作科学的疆场任意驰骋。

当别人已进入梦乡时，吴健雄仍在她的小屋里让书籍陪伴着自己。摇曳的烛光,把她的身影放得很大很大,投射到小屋的墙上。如果小屋的墙是个影集,不知收集了多少她求知的影像。

吴健雄拼命读书的事,很快在同学之间传开了:

"那位从数学系转来的吴健雄很用功啊!"

"有一天,我见她屋里的灯光亮了一夜!"

"是吗?怪不得她学习那么好呢!"

"听说她在学居里夫人!"同学们窃窃私语,对吴健雄既敬佩,又感到不可思议。教师们则为物理系收录了这样一位品学兼优的学生而感到庆幸和骄傲。

5. 正直的心跳

20世纪30年代,正当吴健雄埋头于大学学习时,中国却是多灾多难,局势动荡不安。

先是20世纪初的八国联军的侵略,给中国人蒙上了耻辱,之后是一连串的不平等条约,帝国主义列强强迫中国政府在不平等条约上签字,中国人民实在忍无可忍,终于如火山爆发,导致了五四运动的发生。那时的许多学生喊着"国家有难,匹夫有责"的口号,走上街头,游行示威。

校园墙外的动荡,时时在校园墙内掀起波澜。正义的学生们,时刻没有忘记自己的责任。1931年9月,日军悍然侵略东北,仅隔3个月后,又对上海进行侵犯。面对国家主权被侵犯,有一点爱国心的中国人都忍受不下去。

"国破家亡",国家不存在,哪有百姓的生活?热血澎湃的学生们,更是怒发冲冠,走上街头,示威游行,声讨日本帝国主义,反对政府的不抵抗主义,要求抗击日本帝国主义,爱国声浪席卷全国。

位于当时"中华民国"国都南京的中央大学的学子们,更不甘落后。性格沉静、不多言语的吴健雄,处在这样一个局势里,不可能躲进桃花源,只读自己的书。父亲多年的教诲,她时时不能忘怀自己对国家的责任。面对列强的欺侮,她也是痛恨至极!

大家推举吴健雄带领同学们游行请愿。

那时的学生上街游行,是要冒被开除学籍的危险的。吴健雄未考虑到个人的安危,她不负众望,带领同学们上街游行请愿。或许是她功课好的缘故,校方也并没有把她怎么样。

父亲吴仲裔一向思想进步,对女儿离开学堂上街游行一事,并不像有的家长那样从中阻挠,相反,他认为女儿的行为是正义的。父亲的态度,对吴健雄是一种莫大的鼓舞,她时时感到父亲对她的支持。

吴健雄的叔叔吴琢之,当时正致力于商办汽车公司的经营,常驻南京,与吴健雄往来比较频繁。每逢周末或节假日,总要去学校看望侄女,给她以长辈的关心和呵护。对于当时的局势,他的态度也是鲜明的。他早年的行动，也是对吴健雄的一种鼓励。

吴健雄的一颗正直的心，一直在她的胸膛跳动。

一次，正值隆冬季节，吴健雄又与同学们一起参加游行请愿活动，主题还是要求政府抗击日本帝国主义。晚间，人们就静坐在总统府的院子里。那天天气阴冷，北风刮起来，刺在脸上格外疼，后来天空中还飘起了雪花。吴健雄和同学们谁也不提出走，他们坚持静坐着，一直到很晚，很晚……

大学的生活是丰富的，不仅在学业上吴健雄得到了深造，而且她的思想品格也得到了锻炼。这种锻炼，使她的人生更加完满。当她身处异域时，当她满头白发、步履蹒跚时，仍然念念不忘祖国，不忘自己的责任。

她赢得了世人对她的尊重，不仅仅是因为她的科学成就，也有她对祖国的那颗爱心。

6. 还是要学习

祖国一次次受辱，学生们的一次次请愿，在与同学、老师的商讨中，经过自己冷静的思考，吴健雄愈来愈感到，要想祖国不受人欺侮，必须使它强大起来。

国家的强大，与经济和科学技术是分不开的。作为学生，除了道义上声援爱国运动外，最主要的是要把精力用在学习之中，把自己的学习搞好，使国家的科学技术水平得到提高，经济上有一定实力。如此，什么样的列强敢于随便欺侮我们？

还是要学习，成为吴健雄和许多同学的共同心声。

日本的炸弹，不仅没有吓倒中国人，反而激起中国人更加奋力的抵抗，直至把他们赶出中国。

日本的炸弹，同时也震醒了沉睡的中国，更加激发了中国知识分子的爱国热忱。在大学，学术之风达到前所未有的高潮。中国的高等教育，得到了迅猛的发展。

在战事频仍的中国，一批又一批的优秀学子，用自己所学的知识为祖国服务。

吴健雄更加忘我地学习。这位一向不甘落后的女学生，把全部的精力都投入学习中去。

几乎每天都是教室、图书馆、寝室的路径，她娇小地在这条路径上一趟趟走着。

课堂上，老师喜欢这个用心听讲、慧心灵透的学生，她的作业，总是干干净净，几乎不出错。她的爱提问、爱请教的学习习惯，更加深了老师对她的喜欢。

同学们更加佩服她学习上的坐功，在教室里坐，在图书馆里坐，在寝室里还是坐。她毫无疲惫的感觉，只知道在科学的王国里求知遨游，才是人生最大的乐事！

"给我一个支点，我可以撬起地球。"这句名言展现了科学家一个怎样的胸怀！站在宇宙空间的先哲们，俯视着太阳与月亮，以他们的智慧做支点，撬开科学的大门，揭开大自然一个又一个奥秘。吴健雄常常为此激动不已。

科学上的一个个符号，一个个数字，对吴健雄来说，是那么亲切可爱，像朋友，像师长，像伴侣。她愿意请它们出来，与它们交谈、做伴，让生活充满着光明。

大学四年，面容清秀端庄的吴健雄从未谈情说爱，不是她不近人情，孤芳自赏，而是她早已立下大志。为了这个大志，她放弃了儿女情长，才有了学习上的专心致志。

吴健雄在大学期间有许多好朋友，她学习好，大家都佩服她；她待人温和的脾性，则使同学们喜欢与她接近。她也乐于帮助别人。所以，她总能赢得同学们的好感。

吴健雄也有被烦恼所困的时候，那就是经济上的拮据。她尽管很节省，仍常常陷入困境之中。好在叔叔常常来看望她，给她一些接济。

叔叔还在学习上给予她鼓励，经常拿他留法学习的一些体会，与侄女进行交流。

吴健雄对叔叔非常感激，叔侄之情终生不断。在中大时，她还和叔叔留了一个影，叔叔右手抱着她的肩膀，目光充满着期待。吴健雄则微笑地目视着前方。

冬去春来，吴健雄的学业也一日一日地进步，她终未辜负青春年华。她在物理学科上的卓越表现,深得老师的高度重视。关于她的前途,老师曾与她谈过,总觉得不可估量。

大学四年生活就要过去了,吴健雄以绝佳的成绩,走出了大学的校门。

7. 漂洋过海

吴健雄从中央大学毕业后,回到家乡浏河镇稍作休息。

又与亲人相聚了,喜悦自不必说。家乡的水,家乡的土,依然让人感到亲切。父亲总是最理性,忘不了女儿的前程的安排。

"薇薇,大学毕业后,有什么打算吗?"

"爸爸,有老师把我推荐到浙江大学,准备先在那里做一年的助教。"

吴健雄犹豫了一下,又说:

"我还是想到国外求学去。"

吴健雄知道家里的经济不宽裕,无力支持她出国求学。所以,在说出自己的愿望前,她还是犹豫了一下。可面对她崇敬的父亲,她必须和盘托出自己的心里所想。

吴仲裔听了女儿的话,没有马上表态。其实,他内心是支持女儿的选择。以实业救国、以科学救国的思想,也是他亲自向她灌输的。这位思想开明、视野开阔的父亲,目前却为经济的窘迫而作了难。

见父亲长时间沉吟不语，吴健雄当然知道自己给父亲出了个难题，明事理的她马上改口道：

"那只是个想法，去成去不成都是两可。先找份工作干着再说。"

吴仲裔太了解女儿了，但他不愿让女儿失望：

"薇薇，爸爸是支持你出国留学的，我会想办法的。"他说得很坚决。

听了爸爸的话，吴健雄很是感动，泪水几乎要从眼眶中涌了出来。

"谢谢爸爸对我的理解，出国的事，先搁放起来吧。"

与家人短暂一聚后，吴健雄便匆匆赶到浙江大学任职去了。

浙江大学是一所享有盛名的学校，尤其是它的理工科，吸收了不少很有造诣的年轻教师，造就了不少科学人才。吴健雄在这样一个工作坏境中，自是会努力工作的。一年的助教工作对她的帮助很大，她对物理科学的认识更深了一步。吴健雄最大的感触是周围的人与她关系融洽，待她都特别好，使内心纯真的她，一毕业，就能很快地胜任工作。

在浙大一年的工作即将结束时，学校又把她推荐给中央研究院，浙江大学物理系主任还亲自询问她是否愿意去中央研究院。吴健雄高兴得直点头，最后才说出了：

"我愿意!"

中央研究院物理研究所是专事物理科学研究的机构,吴健雄当然是十分向往的。

吴健雄在浙江大学完成了一年的教学任务后,便顺利地来到了位于上海的中央研究院的物理研究所,跟随施汝为先生的夫人顾静徽领导的光谱小组从事研究工作。

一接触物理科学的研究,吴健雄像个贪玩的孩子,忘记了现实的世界,忘记了吃饭,甚至忘记了睡觉。

浩瀚的科学之海就横亘在她的前面,浪花不时地拍打着海岸,溅她一身水。她还是勇往直前,像海的女儿那样,驾起小舢板,在海浪间做自由滑行。她要熟知大海,征服大海。

有时她又像海滨上拾贝壳的小女孩儿,东瞧瞧,西找找,拾到美丽的贝壳时,会露出灿烂的笑容。

科学如此让吴健雄着迷,以至于她不敢相信,世界上除了科学研究,还有什么更好的职业。

尽管她醉心于物理的科学研究中,仍然还保持着清醒的头脑,既已看过科学之海,更想见见科学之洋。因此,她更不会放松研究与学习。为了明天的出国深造,她也更加努力地学起英语来。

老师都是一边认真地指导她进行科学研究,一边鼓励她,学好英语,出国深造。吴健雄觉得自己真是太幸运了,无论走到哪里,总有那么好的老师关爱着自己。

此时的中国局势更加动荡不安。第二次世界大战爆发后,日本帝国主义对邻邦中国虎视眈眈,恨不得一口将其吞并。中国的上空一直有乌云笼罩。

国内的经济在多年的军阀混战中更加每况愈下。搞科学研究工作也是困难重重,经费短缺,设备不全,常常给研究者带来苦恼。吴健雄的指导教师顾静徽女士也是基于这些原因,才鼓励她出国深造的,她不愿意看到一个前途无限的人才在这里被耽误。

在南京工作的叔叔,也始终关心着侄女的成长。由于不在一个城市生活了,不能像吴健雄在中央大学时那样可以经常看望侄女,现在只有通过书信来传递相互的思想。

对于吴健雄出国深造的想法,叔叔一向支持。目前国内形势动荡不安,吴琢之很清楚地看到,吴健雄的科学研究是难以有所作为的。为了侄女的前途,也为了他的"科学救国"的理想,便主动提出由他承担侄女出国学习的全部费用。

吴健雄得知这一消息,如在梦中。她知道叔叔创办汽车公司,虽说经过几年的运行,效益很好,可摊子太大,用钱的地方甚多。叔叔本身也很节俭,却拿出不小数目的钱来,资助她出国深造,想到此,不禁心生感动。

叔叔一再鼓励吴健雄,到国外要好好学习,学成之后,一定回来拯救国家。叔叔的嘱托很重很重,吴健雄感到自己的责任重大,学习科学不仅关系着自己的前途,主要的还是为了祖国的富强。

1936 年 8 月的一天,在上海的黄浦江边,停泊着众多船只,其中的"塔甫脱总统号"客轮格外引人注目,吴健雄就要乘坐它去美国读书。

站在黄浦江边,吴健雄心潮起伏,她的理想,她的抱负,还有亲人的嘱托和厚望,都深深地埋在她的心底,她暗暗下定决心,自己一定要学有所成。

那一天,父母和亲戚朋友都赶来为她送行。叔叔也来了,他看到侄女此次出国与 17 年前自己的出国都是迫于国内的动乱,很是感慨。

父母亲嘱咐再嘱咐,叮咛又叮咛,尤其是母亲对女儿,真是"执手相看泪眼",舍不得爱女的远离,怕今生今世再难以相见。吴健雄眼含热泪劝慰母亲:

"姆妈,别伤心,过三年五载我就会回来的!"

"一定早点回来!"到了不得不分手的时候,母亲抹着眼泪,又嘱咐了一句。

阳光洒在黄浦江上,像是铺了一层金毯,耀得人眼花。"塔甫脱总统号"划开金色的江水,慢慢向前驶去。回眸岸边,父母、亲人们还在挥手送别,就那么一直挥着,直至模糊。

汽笛一声肠已断,母亲的心揉碎了一般。她站在黄浦江边,望着载着女儿的客轮远去的方向,久久不愿离去。她的担心最后成了事实。吴健雄怎么也没有料到,这一别,可不是三年五载,却是整整的 37 年。从此,她再也没有见到自己的父母,黄浦江边的父母形象成了目之所见的最后镜头。

五

　　她只身来到美国,站在美国西海岸旧金山的街头,心里说:"我会在这里成功的!"这个中国女学生,立志要把这里的科学知识带回去,去拯救祖国。

1. 初到美国

　　经过近一个月的航行,"塔甫脱总统号"终于抵达美国旧金山。

　　吴健雄在苏州第二女子师范学校曾聆听过众多专家的演讲,讲演者中,印象较深的杜威即来自美国;她所崇敬的胡适老师曾在美国留过学;她在祖国最后一站的中央研究院物理研究所,她的指导教师顾静徽也在美国留过学。她对美国的好感,来自她所崇敬的几位学者都与这个国家有过联系。

　　她心底的楷模居里夫人,在法国发现了镭,却没有得到应有的尊重,是美国之行,给了她极高的评价。这个崇尚科学的国家,给她的印象非常好,是她留学首选的地方。

对美国的风土人情,吴健雄也是饶有兴趣。她还在国内就向老师打听,也寻找这方面的资料,从而了解到,美国社会的主要特点是高度多样化,自然地貌千差万别,民族和文化类型多种多样,经济生活五光十色。

踏上美国的土地,周围的一切对她都是那么新奇,宽阔的马路,鳞次栉比的高楼大厦,还有不同肤色的来往行人。从外观看,这里的经济要比中国发达得多。

"我们太落后,我们太穷。"吴健雄在心里说。不是以中国的穷而自卑,而是以穷为动力去发奋。叔叔嘱托的以科学救国的道理,在这里有了鲜明的例证。至此亲眼所见,才真正体味到叔叔的苦心,叔叔思想境界的高远。

美国是个移民国家,不同肤色、种族的人,来到这里都是要实现自己的梦想,每个人在这里都要不断奋斗。美国也正需要不同的奋斗者,来加快这个年轻国家的步伐。

吴健雄感到鼓舞和兴奋。站在美国西海岸旧金山的街头,谁也不会注意到一位中国姑娘正对前途憧憬着。

"我会在这里成功的!"

吴健雄来美国是到密歇根大学读书的,中央研究院的顾静徽老师就是在那里获得了博士学位。

到密歇根大学读书,这是在国内就联系好了的事,在旧金山,吴健雄只想作短暂的逗留。

这短暂的逗留,她有幸遇上了原先国内的一位女同学。从女同学那里,她得知伯克利加利福尼亚大学如何之好,虽然不是什么老牌学校,可是它的物理系却集聚有不少一流的物理学家,只不过相对于老牌学校的学者,他们更年轻一些罢了。像发明第一台高能粒子加速器——回旋加速器的物理学家劳伦斯即在那里,1939 年他获得了诺贝尔奖。在那里还有几位很有发展势头、思维活跃并已负盛名的物理学家。

"我更适合思维敏捷、具有时代意识的物理学家的环境。"听着同学的介绍,吴健雄的脑海里有了这样的认识。

在重大问题面前,尤其是站在十字路口,面临抉择,吴健雄往往表现出一种果断,她相信自己的感觉。

于是,吴健雄取消了去密歇根大学读书的计划,转而去伯克利。

伯克利,是美国加利福尼亚州中西部的一座城市,位于旧金山湾东北岸。20 世纪初,拥入了大量移民,所以,这里的外来人很多,思想较为活跃。

来到伯克利,吴健雄发现加利福尼亚大学已经开学。幸好碰上了早她两个星期来到的另一中国留学生袁家骝。

袁家骝待人诚恳、热情、厚道,对自己的同胞,更是关心备至。他热情地向吴健雄介绍这所大学的历史和科研教学情况,还带领她参观了校园。加利福尼亚大学建立在小山丘上，可以俯瞰四周。气候宜人，环境幽静。校园被内外郁郁葱葱的绿色植物包裹着，只偶尔露出建筑的顶部，远远望去，可谓高深莫测。

吸引吴健雄的不是优美的风景，她最关心的是科学实验。来到物理系，让她格外兴奋的是不同的实验室和良好的实验设备，可以施展自己的才华，找到用武之地。

在袁家骝的介绍中，吴健雄得知那位大名鼎鼎的年轻物理学家奥本海默也在这所大学执教，这更坚定了她在加利福尼亚大学求学的决心。

吴健雄认识奥本海默确实是十分庆幸的事。就是这位美国理论物理学家，在第二次世界大战期间成了制造第一颗原子弹"曼哈顿计划"的负责人。如果初到美国的吴健雄未能果断地决定来加利福尼亚大学求学，就会与奥本海默失之交臂，也会与后来的"曼哈顿计划"无缘，必将造成终生的遗憾。

奥本海默在加利福尼亚大学讲授物理学的同时，正在进行着原子及原子核等方面的理论研究，并开始从天然铀中分离铀-235和确定生产原子弹所需铀的临界质量数。他的这些情况，吴健雄是来到这个学校以后才听说的。

吴健雄对这里的研究和实验室太满意了，这里是她探索科学的最好之所。由此，她很是兴奋了一些日子。

2. 异域的读书生活

吴健雄的决心一定,袁家骝立即为她联系入学一事。在袁家骝的陪同下,吴健雄接受了物理系主任柏基的测试。

柏基对加利福尼亚大学的物理系有着突出的贡献,他吸引了一批一流的物理学家来这里任教,教学质量和研究成果为其他大学所羡慕。柏基的能力与贡献被人称道。可是这个人有个最大缺点,就是对外域人和女性存有偏见,有时就会表现出某种傲慢。

现在,柏基正面对着两个中国人,其中一位是女性。

中国当时的落后状况,给外国人印象最深的是:男人留长辫,女人裹小脚,人们蓬头垢面,衣衫不整。这种愚昧和落后,一般的外国人都拿来当作笑料,更何况善于挑剔的柏基?

柏基正视眼前这两位中国人,男性身材适中,身板很直,留着很短的头发,毫无猥琐之相。而那位女性,一脸的坦然,身着旗袍,生着天足,很端庄地坐在那里,从他们身上丝毫找不出传说中的中国人形象。

片刻的沉默之后,袁家骝说明了来意,接着吴健雄介绍自己在国内的学习和研究情况。出乎意料的是,这个对外域人和女人存有偏见的人,竟然被吴健雄的才华和能力征服了。柏基说服了自己,破例接受吴健雄的入学申请,在学校已经开学的情况下,准许她进入学校物理研究所就读。

吴健雄如愿以偿,她非常感谢袁家骝的帮助,并对这位厚道人产生了好感。

吴健雄高兴地留在了伯克利的加利福尼亚大学,开始了她的留学生涯。

学习是艰苦的,最头痛的是英语。国内学的和在美国听的是两码事。国内学的英语夹杂着中国本土的语音,到了美国,真是难为吴健雄了,听课时语言成了最大的障碍。

为了尽快适应这里的学习,吴健雄花了很大力气去学英语,同时还坚持听正常的物理课。不懂的地方,记不上的笔记,只有借同学的笔记,一一补齐,然后琢磨,温习,再将难题一一解决,从不过夜。也有的时候,同学的笔记记得也不全,她就主动请教老师,直至弄通弄懂为止。这种认真精神,使老师和同学们大为惊讶,看不出这位小个子的中国女性,对待学习竟有如此顽强的精神。

要在美国站住脚,仅仅能懂语言还不行,必须熟知美国的文化和它的法律。吴健雄学了,克服种种困难,很顽强地学。不久,她的顽强精神和毅力,赢来了许多人的赞扬。

吴健雄非常喜欢穿中国的旗袍,不仅仅是对旗袍美感的认同,更有对中国的自信。吴健雄姣好的面容,优美的行姿,在旗袍的衬托下,更显出妩媚和高雅。难怪欧洲学生见着她都驻足观看,显出爱慕和钦羡的神情。

吴健雄一向人缘很好,在国内与本国女性能合得来,来到美国与不同民族和国家的姑娘相处也融洽。在学习上的好强,在生活中则转为善解人意和与他人的和平共处。所以她有为数不少的女朋友,这些友谊为她的读书生活增添了乐趣。

她还很喜欢和朋友一起照相。虽长相不同,性格不同,文化不同,但因为对科学的共同追求,使她们志同道合,相亲相爱。一张吴健雄与女友玛桂特的照片,很能看出她们彼此的倾心。玛桂特在后面搂着吴健雄的腰,吴健雄在前面握住腰上玛桂特的手,两人脸上都绽放着笑容。不同的是吴健雄展现的是东方女性温和典雅的笑,玛桂特的笑容则是欧式的开放的。

吴健雄在美读书,应当说是一段惬意的生活。

让吴健雄感到极为别扭的是美国的饮食。

从小在中国长大的吴健雄,对西餐有一种本能的抵抗,更何况西餐价高。对于靠叔叔资助来学习的吴健雄,对每一分美金的使用,都是很仔细的。她可舍不得把钱花在喂不饱肚皮的西餐上。

怎么办?必须想办法。她几经寻找,最后终于找到了一家专门经营中国饭菜的饭馆,老板也是中国人。同是中国人,又同在异域他乡,同胞的亲情,一下子把他们拉近了许多。老板非常爽快,当场表示,吴健雄在他那里吃饭只收很小数目的钱,即每餐只收四分之一美金,饭随便吃,只是菜不能太挑剔,有什么吃什么。吴健雄想不到自己会这么幸运,老板对她真是太优惠了,一下节约不少饮食开支。吴健雄为自己感到庆幸。

从此,那个小饭馆里,经常见到吴健雄的身影,有时还有她的同学、朋友陪伴,更多的是袁家骝与她在一起。

在美国能经常品尝中国的饭菜,总使吴健雄有一种仿佛置身于家乡饭桌前的错觉。那个中国人开的小饭馆给吴健雄带来了家乡的温馨,多少年后,吴健雄还久久难以忘怀。

3. 为中国人争气

当年流落在海外的中国人,无论做工,还是求学,都备尝遭人白眼的羞辱滋味。中国的穷,中国的落后,就像金印烙在中国人的脸上,让你抠也抠不掉。

美国是一个年轻的移民国家,人们来自不同国家,按理说,不应该歧视中国人,可是"穷"和"落后"就成了它瞧不起中国人的理由。在这一点上,美国有着与没落帝国和新兴帝国同样的傲慢。

每每听到哪个同胞被异族欺侮,或在报纸上看到法律对中国人不公正,都能激起吴健雄和袁家骝极大的愤慨。同胞的被欺,是祖国的羞辱;同胞遭到不公正,是国家的无能。为此,吴健雄在心底一千遍地呼喊着不合理。尽管那些人蔑视中国人,她还是照旧穿着旗袍,挺直着身子行走在美国的街头和校园,让"中国"二字刻在她的脸上!

"我就是中国人!"

她和其他中国留学生在加利福尼亚大学也遇到了不公正的待遇。

吴健雄一直靠着叔叔资助读书,内心很愧疚。她靠着刻苦和钻研取得了好成绩,想以此获得奖学金,免去叔叔的资助。然而校方以各种理由,最后终究没有给她,只给吴健雄和袁家骝极少的助读金,这点助读金无异于杯水车薪,解决不了较高的学习花费。

为此,袁家骝只好放弃加利福尼亚大学,而去了洛杉矶的加州理工学院。那里的校长还算开通,答应给中国留学生袁家骝奖学金。

吴健雄由于太喜欢加利福尼亚大学物理系的学术环境,加上经济上也比袁家骝宽裕些,只好勉强留下。袁家骝的离去,她在思想上更加重了祖国的意识。

"一定要好好学,用知识强国,为中国人争气!"吴健雄不止一次这样想到。

袁家骝离去以后,吴健雄的学习更加勤奋,她非常苛刻地要求自己,疯狂地学习,学习。她内心的那种感受,是无法向他人表露的。她的许多女友,因为国籍不同,虽然与她同在一个学习环境里,身心的处境却截然不同。

"人穷志不穷"的中国古训,让一颗不服输的心高贵起来。

吴健雄很珍惜这份高贵的精神,是这种高贵的精神,激起了中国女性的不屈,在物理科学的高尖问题上,把中国人的智慧发挥得淋漓尽致。

吴健雄居住在离学校较近的国际学生宿舍里。那里的学生对吴健雄的勤奋学习多有议论:

"Holle(喂),那位穿着中国服装的小姐叫什么名字?"

"她叫吴健雄,穿的衣服叫旗袍。"

"旗袍? 很有意思的名词。"

"她是学物理的,人很聪明。"

"噢,我看她也很刻苦,很少参加舞会,总是回来很晚。"

"的确,她在学习上很有毅力。对啦,听说她还很有雄心呢,想和男同学搏一搏呢!"

"噢,一个了不起的中国人。"

吴健雄从不去理会别人对她的议论,更不去理会别人对她的长相和衣着的恭维,她要按自己既定的目标去做,做一个真正的科学家。

4. 举头望明月

"慈母手中线，游子身上衣。"这被国人早已烂熟于心的诗句，抒发着游人背井离乡时对家乡、对亲人的思念。

隔着千山万水，吴健雄对家乡的思念，有时也是很苦很苦。

白天上课读书，精神紧张，顾不得思念家乡，思念亲人。到了晚上，站在国际学生宿舍的窗前，望一眼天上的月亮，思乡之情就会变得非常强烈，尤其在月亮很亮很圆的夜晚，皎洁的月光斜透过宿舍，那种思乡的情感便会一下子涌出来。

家，永远是温暖的。江南的软语，袭人的稻香，可人的笑靥，还有紫薇树，那沁人肺腑的香气，隔着太平洋，仿佛也能看到。此时的爸爸在干什么？姆妈是否已经休息？知道吗，在大洋彼岸的女儿十分地想念你们。

每逢节假日，思念则更切。想当年在苏州第二女子师范读书时，自己逢节假日就可以回家与亲人团聚。那种亲情，现在仍能感到它的温暖。在南京时，节假日有叔叔的看望，要么一起出去游玩，要么就到叔叔住处一聚。来到大洋彼岸，长辈的关怀，尤感其珍贵。

有书信从家乡来，吴健雄更是喜悦万分，千叮咛万嘱咐，嘘寒问暖，总是父母的牵挂。也有师长的信，对吴健雄志向的关心和指教令她感动不已。这中国的师生情,只有化作动力,用成就来报答。

更有叔叔长篇累牍的信,让她安心学习、刻苦学习,告诉她有能力资助她学完大学的全部课程。也问她学习的进展情况,学习什么本事了,临了忘不了嘱咐一句:学成早一点回国,用科学报国。

寒冷的冬天来了,吴健雄更会想起家乡,家乡的青草萋萋,没有这里让人缩着脖子的寒冷,哪儿也没有家乡好,月还是故乡明。

在吴健雄的万般思念中,历史终于给了她一个机会。

那是 1936 年底到 1937 年初,叔叔作为公司总经理,还有个国民党政府建设委员会专门委员的头衔,被委派到欧美 9 国去考察当地的交通行业。考察期间,叔叔吴琢之抽空特意去伯克利看望吴健雄。

真是喜从天降。吴健雄想不到会在异国他乡与亲人相聚。见到叔叔,吴健雄一扫她思乡的孤苦,由衷地表现出喜悦。

"爸爸、姆妈好吗?"

"很好,不用你担心。你爸爸姆妈让我来看望你,嘱咐你要好好学习,不要辜负了他们的希望。"

望着叔叔慈祥的目光,看着他带来的家乡的物品,吴健雄不知道怎样表达自己内心的激动。

"我在这里学习很好,我会争气的。"

叔叔相信侄女的能力,一边鼓励着她,一边询问学习的具体情况。吴健雄很兴奋地向叔叔介绍了学校的学习状况,当谈到这里对女人和中国人有偏见时,叔叔听了也很气愤,对吴健雄说:

"人家瞧不起我们,我们可不能瞧不起自己,一定要为中国人争气,好好地学。"吴健雄表示赞同。那几天,吴健雄的心像雨后的太阳一样鲜亮。她陪着叔叔,参观校区,指指点点,介绍每一座建筑的特点和用处,兴奋之情难以言表。

吴健雄当然忘不了告诉叔叔那家中国饭馆给她带来的方便和实惠。中国同胞的大度和支持,也得到了叔叔的称赞。

相见时难别亦难。叔叔短暂的美国之行即将结束,什么时候能够再相会?吴健雄泪眼婆娑。叔叔嘱咐侄女:

"好好学习,学成后早日回国。我和你爸爸、姆妈一起等着你回来。"

泪眼模糊中,叔叔已经远去。望着叔叔的去处,吴健雄痴痴地站在那里,良久,良久……

5. 崭露头角

在加利福尼亚大学就读的吴健雄,终于做了她仰慕已久的物理学家奥本海默先生的学生。奥本海默在物理学科上的天才表现,为他增添了魅力,他就像一颗耀眼的明星,走到哪里就有一群"追星族"簇拥着他。那些学生对他精彩的授课极为崇拜。

对吴健雄的优秀表现,奥本海默也是赞赏有加,并与吴健雄保持着长期的师生友谊。

到 1938 年的秋天,吴健雄到加利福尼亚大学已经学习两年了。从第三年开始,要接触实验,吴健雄需要找一个实验的题目,要用它做博士论文。

吴健雄在物理实验上有过经验。1935 年至 1936 年,她在中央研究院物理研究所曾做过光谱实验。对实验,吴健雄算是有了一定的见识。

由于有了那一年的实验工作的经验,吴健雄对实验的准备和题目的选定,显然要比未做过实验的同学占有一定的优势。

那一年工作给她带来的好处,吴健雄又一次深切地感受到了,心底深处也再一次怀恋起在祖国时的那种师生情谊。如果没有当年浙江大学物理系主任张绍中的推荐,如果没有中央研究院顾静徽老师的热情指导,吴健雄就不会有今天比别的同学多一份的经验和优势。在国内的每一个进步,都离不开老师无私的帮助和热情的关照。

在美国,不同于在国内,为了完成博士论文,吴健雄必须找一个有建树、愿意指导她实验,而她也能与之合作的这样一位指导教师。

谁合适呢？

历史终于让吴健雄与美国物理大科学家劳伦斯相遇。

劳伦斯由于发明第一台高能粒子加速器——回旋加速器而获得 1939 年诺贝尔物理学奖。世界上第一个人造元素锝就是在劳伦斯的回旋加速器中产生的。在其他粒子加速器，也采用了劳伦斯的基本设计。粒子物理学领域的进展，主要是靠这些加速器取得的。劳伦斯在化学、生物学和医学等方面的表现也很优异，均做出了卓越的贡献。第二次世界大战期间，他参与了"曼哈顿计划"，主管用电磁法分离制造原子弹用的铀 – 235 的工作。

为了研究工作，劳伦斯还在伯克利建立了一个实验室。

由这样一位资深的科学家指导自己在美国的第一个实验，吴健雄是非常高兴的。那次实验的题目叫作"探究放射性铅因产生 β 衰变放出电子，而激发产生出两种形态 X 光的现象"。

吴健雄的细致为她的实验工作带来了帮助，她的一丝不苟的工作作风，不仅赢得了第一次实验的指导教师的称赞，而且使她终身受益。

1939 年，吴健雄在伯克利又遇见了出生于意大利后入美籍的物理学家塞格雷。

一个偶然的机会，吴健雄得知塞格雷的实验需要帮手，经过旁听他们的实验讨论,感到这个实验挺适合自己的发展,就决定留了下来。

塞格雷曾在1934年参加了费米所领导的中子实验,用中子轰击包括铀在内的许多元素,产生了比铀重的元素。1935年,他们又发现对核反应堆的运转很重要的慢中子。

塞格雷的这些发现,吴健雄早有耳闻,所以很高兴跟随他做实验。塞格雷更大的发现是在以后,1940年,他和同事发现元素砹,后来和另一个小组发现钚－239,查明它是可裂变的,与铀－235很相似。钚－239在第二次世界大战中,曾用于第一颗原子弹的制造。

再后来,塞格雷因为发现了反质子与美国的欧文·张伯伦共同获得了1959年诺贝尔物理学奖。

吴健雄在参与塞格雷的实验中,主要是研究铀原子核分裂的产物。在这次实验中,吴健雄最大的成果,是实验中的一项结果对后来的"曼哈顿计划"做出了关键性的贡献。这次实验,基本上是由吴健雄自己独立完成的。

吴健雄在与塞格雷共同进行物理实验中一直相处得很好。吴健雄对物理科学的痴情和她在物理实验中所展示的智慧和才华,令塞格雷极为赏识。在她的面前,塞格雷时时表现出慈父般的关爱。

跟随两位物理学家的两次实验,吴健雄均用文字写成了研究报告,并发表在世界很有影响的《物理评论》杂志上。

1940 年,吴健雄得到了博士学位。

之后,吴健雄又有机会与塞格雷共同进行物理实验,也曾经与自己的同学合作过,所有的合作者,都领教了她在实验中的顽强与执著。她的成就,随着时间的推移,一天天在增长着;她的才华,早已在圈内圈外赢得了盛誉。

毫无疑问,吴健雄将会有更大的作为,祖国和亲人在期待着她,历史在等待着她掀开那一页。

六

她终于完成学业,获得博士学位,可以回去报效祖国了。然而,来路已断,祖国正陷于炮火之中……翘首家乡,她心急如焚。

1. 战事

吴健雄离开家乡,只身来到美国求学的那一年是 1936 年。当时中国与日本的关系相当紧张,如弦上之箭,一触即发。

1937 年 7 月,日本帝国主义悍然发动了侵华战争,侵略者的铁蹄肆意践踏中国的土地,烧杀抢掠,无恶不作。

国内战火连天,在大洋彼岸的吴健雄怎能心情平静地去学习?许多中国留学生常常聚在一起,传递着国内的消息,讨论着局势的发展。

大家都担心着家乡亲人的安危,唯恐他们遭到什么不测,内心十分恐慌。

日子一天天地过去，回家的念头与日俱增，甚至有的同学产生了投笔从戎的想法。

"国难当头，我们应用自己的身躯，为国家赴汤蹈火。"有的同学慷慨陈词。

"可是我们千里迢迢来这里的目的是什么?"

"国家花那么多钱让我们学习，就这样半途而废?"

同学们七嘴八舌谈着自己的看法，这些说法都有道理。吴健雄也想回国，只是战争越打越大，航路不通，断了她的回国梦。有国内师长的来信，更多的是劝留学生们安心读书，无论什么时候，国家都需要科学人才，此时万望安心学习，学成回来救国。

在此情形下，吴健雄只有更加专心致志地学习。在国内时父亲和叔叔对她的"科学救国"的教育，她始终不能忘记自己来美学习的目的和报效祖国的使命。

如果说战前的思乡对吴健雄来说是一种淡淡的离愁，那么，战后的思乡则是一种难言的痛苦。国内的家人，也都未能相守一处，父亲和叔叔投身到大后方的滇缅公路的建设中，母亲留守在沦陷区，在一天一个形势的战争中，谁能保证家人能够天天平平安安?

烽火连年的岁月里，真可谓家书抵万金。片言只语，传达家人近况，隔着千山万水的吴健雄都会感到莫大的安慰。

战争，强化了海外游子的爱国热忱。

吴健雄在刻骨铭心的牵挂中,依然理智地、顽强地进行物理科学的学习和研究。

2. 恋情

爱情是两性相悦的最美好的情感,它给人带来幸福和快感,很多人用极丰富的语言去描述它,有人甚至为它献出了生命。爱情的火花曾使许多文学艺术家的灵感爆发,然而爱情过早地到来,也可以把一个很有才气的人毁掉。

对爱情不能太沉湎,太沉湎,爱情会成为幸福与毁灭的双刃剑。

可是,哪个具有正常身心的人没有对爱情的渴望?爱情是成年人再正常不过的情感。

吴健雄当年在中央大学读书,正值妙龄青春之际,也有过对自己爱情的想法。她聪慧、美丽、大方、朴素,曾吸引过不少异性青年,连许多女同学都为她典雅的气质和过人的才志而着迷。

在青春炽热情感的撞击下,许多同学迫不及待地启开了爱情之窗。吴健雄却收起恋情之帆,把爱深深地沉入心底之湖。她要专心致志地学习,不能让爱随意击溃她的意志之堤。

吴健雄在大学时期所展露的才华,得到了老师的鼓励;父亲和叔叔科学救国思想的不断灌输,更坚定了吴健雄投身于科学知识学习,并以此为终身事业的决心。有时,她是身不由己,更多的时候,她觉得,学习已不仅是自己的事了。

吴健雄的胸膛时时激荡着一种难以抑制的救国热情,她把眼光放得更远。吴健雄敢于舍弃青春期的爱情,更加理智地把才情、知识用于伟大的目标之中,足以证明她自身这种素质决定了她今后必然会干出一番伟业。

涉洋来到美国后,虽然也有一些爱慕者,但是功课紧张,国内又有战事,吴健雄无心为个人的事多考虑。那时,她时时在想,完成学业后,立即回国,实现自己的抱负,以遂师长和父辈们的期望。

1940 年,吴健雄取得了博士学位后,由于日本侵华战争正凶猛,她便继续留在伯克利,做博士后的研究工作。

当年在伯克利热情地接待吴健雄,并陪着她去见加利福尼亚大学物理系主任柏基的袁家骝,因伯克利取消了他的奖学金,无法维持学业,只得到加州理工学院学习。离开伯克利以后,袁家骝经常与吴健雄通信,互通学业上和科学上的情况,也互相传递国内的消息。

共同的抱负,共同的文化修养,一样为国事的担忧,两颗年轻的心越走越近。

袁家骝与吴健雄生于同年,1940 年,两人均为 28 岁时,他们的恋情日渐明朗。在什么时候能够回国尚不可知的情况下,已获得了博士学位的吴健雄,内心也渴望着这迟到的爱情,来温暖彼此的心灵。

其实两人的前辈,在20世纪20年代的中国的政坛上,互相是有敌意的。前文曾经提到,1913年,吴健雄的父亲吴仲裔,积极地参加了反袁称帝的"二次革命"。"二次革命"所反对的袁世凯,即是袁家骝的爷爷。

袁家骝与他的祖父走的是不同的道路,他的父亲袁克文,因与袁家骝的祖父和大伯的政见不同,很早便不得志,靠写文章卖字画为生,四十几岁便离开了人世。幼年的袁家骝跟随着母亲,在河南乡下度日。后来他靠自己的努力,走上了科学的道路。在1936年,中国正处于内乱外患之时,来到美国,目的也与吴健雄相同,用科学振兴中国。

且不管袁家骝的祖父怎样,袁家骝可是一位热血的爱国青年。他对科学孜孜以求,待人诚恳,这些品质都给吴健雄留下了很好的印象。吴健雄自幼受开明、进步的父亲的影响,看问题比较通情达理,她终于在感情上接纳了袁家骝。

3. 有了自己的家

1942年,爱情成熟到了该有个说法的时候,吴健雄和袁家骝共同决定:结婚。日期是5月30日,即吴健雄30周岁的前一天。

这一天的天气特别好,阳光明媚,天气爽朗,吴健雄和袁家骝的婚礼在洛杉矶加州理工学院校长密立根的家中举行。

当年加利福尼亚大学歧视华人,取消了袁家骝的奖学金资格。在袁经济拮据、无力继续学业时,密立根这位资深的物理学家却以科学家的慧眼,认识到袁家骝才华的潜力,接到袁家骝的申请后亲自回电报,表示接纳袁家骝,并答应给袁奖学金。密立根的行动让袁家骝十分感动,后来密立根还做了袁的指导教师。袁家骝没有辜负老师的期望,在加州理工学院获得了博士学位。

密立根因对电子电荷和光电效应的研究,于1923年获得诺贝尔物理学奖。他还验证了爱因斯坦的光电方程式,取得了普朗克常数的精密数值。

这天,密立根不仅在自己家里为心爱的学生举行婚礼,而且还携夫人为袁家骝和吴健雄主婚。

婚礼上,吴健雄第一次破例地在重大场合脱下了中国的服装——旗袍,而换上西方婚礼的礼服——婚纱。在白色婚纱的衬托下,吴健雄格外漂亮,脸上始终洋溢着幸福的微笑,站在她身旁的袁家骝,微笑中透出一种自豪。

密立根夫妇为袁家骝、吴健雄主婚,感到非常高兴。密立根的夫人还特意穿了件剪裁合体的旗袍,也是对中国人的一种尊重的表示。

婚礼俭朴而热烈。在密立根家花园里的婚礼晚宴上,许多朋友和同学都来了,向吴、袁表示祝贺。当时与袁家骝同在一个学院读书的钱学森(后来回国成为中国著名的物理学家),时任中国同学会会长,还为他们的婚礼录了像。唯一感到遗憾的是,战争阻隔了国内的亲人和朋友,他们无法来美国参加他们的婚礼。

婚姻的甜蜜,更让这一对新人思念战火中的亲人,他们想分担亲人的苦难,也想让他们分享自己的幸福。

婚后,吴健雄夫妇在美国作了短暂的旅游,领略了一下美国的风光,也是对长期的紧张学习作一次调整和休息。

有了自己的小家,吴健雄和袁家骝表现出从未有过的快乐。家,是心灵的归宿。家,带来的是初升的太阳斜照窗前的温暖,还有寒冷的冬天炉子上冒着热气的温馨。

家,让这对有情人,体验到了从未体验过的幸福,他们忘情于自己的爱巢中、狂热的爱恋中,分不清此与彼。夫妻的相亲相爱,相敬如宾,这一中华民族传统美德,在异国他乡,在探寻科学奥秘的这对夫妇身上延续着。

4. 告别学生生活

从 1936 年秋始,至 1942 年的秋天,吴健雄在伯克利已度过了 7 个年头。这几年中,她从一个毫不起眼的学生,成长为在物理科学方面已崭露头角的博士。

在众人眼里,吴健雄外表极具女性柔媚之美,她的内心世界也极具东方女性的善良与温柔。她却从未因为自己是个女性,在物理学科里为自己避让男性而寻找过理由。在知识面前,她没有性别角色意识,她所进行的努力是展示人类的智慧和能力。所以,吴健雄的顽强,在伯克利的六七年中,为女性树起了一座丰碑。

六七年的过去,意味着学生时代的结束。

从吴健雄的内心来讲,是非常留恋伯克利的,这里的学术环境、实验设备及拥有的人才,都标志着它是物理科学的前沿阵地。这里还有那么多的朋友和师生的情谊。

吴健雄在伯克利的出色表现,也令与她合作过的师生难以忘怀,伯克利也需要吴健雄。

当时美国一流的大学和研究机构,都拒绝女性做物理教师。这是一件很荒谬的事。一个外域的女性在这个偏见的陋习下,又能如何? 只有依依不舍地离开她喜爱的实验室。

但是,谁也无法剥夺吴健雄的工作权利。

"我要工作,我要做实验。"吴健雄的心情越来越迫切。

吴健雄想起了在史密斯学院做理学院院长的一位女科学家,这位科学家曾与吴健雄共过事,并相处得较好。由于这位科学家的院长身份,她致力于网罗优秀人才,早先曾向吴健雄许过愿,希望吴健雄能够到她所在的学校任教。

在这样的情况下,吴健雄只有到美国东部的史密斯学院去做教师。吴健雄的到来,真让那位院长大喜过望。因为,像吴健雄这样的人才,会为学校带来声誉的。

那时院方常为招收不到学生而苦恼,因为吴健雄的到来,第二年招生时便吸引了一些学生前来报名。

袁家骝则在婚后不久离开加州理工学院,到了美国东部的RCA(美国无线电公司)。当时是二战期间,他的具体工作是国防研究。

吴健雄离开伯克利,选择了东部,而没选择其他地方,这里含有袁家骝去向的因素。

吴健雄的最大愿望是在实验室里搞研究,最大的兴趣也在此,然而学校没有足够的经费让她投入科学研究中去。吴健雄心中很不快,她感到太寂寞了,太无事可做了。在吴健雄的意识中,没有物理科学研究,生命也就不完美。

万般苦闷之中,吴健雄只有求助于物理期刊和物理研究会的一些活动,以不使自己落后。

在一次学术会议上,她与伯克利的老师劳伦斯相遇。吴健雄在伯克利的表现,曾得到劳伦斯的赞赏。此次相遇,劳伦斯自然会问及吴健雄离开伯克利的状况。吴健雄面对老师的关怀,毫不保留地把自己内心的苦恼告诉了他。劳伦斯理解学生的苦衷。会后,他立即向多所大学推荐吴健雄。前文讲过,当年的美国对外域人和女性是非常歧视的。由于劳伦斯在科学界的地位,有8所学校接到推荐信后表示愿意接受吴健雄。

史密斯学院为了奖励吴健雄的教学成果,第二年让吴健雄在职位和薪水上都有所提升。然而吴健雄心之所系的不是名利,而是心爱的物理科学的研究,她毅然决然地告别了史密斯学院,去了普林斯顿大学。普林斯顿大学也破天荒地第一次接纳了一位女性教师。

吴健雄在普林斯顿大学教了一段书后,发现自己依然没有机会进行物理实验研究。好在她和袁家骝把家安在了普林斯顿,家庭的温暖和夫妻的恩爱,驱散了事业上的烦恼和不快。

第二次世界大战期间,美国一些大学为配合战时需要,也进行战时的一些研究,哥伦比亚大学还专门设有战时研究的部门。此时哥伦比亚大学战时研究部门正着手一个秘密计划,即"曼哈顿计划",需要相应的人才。劳伦斯得知后,再一次推荐了吴健雄。哥伦比亚大学战时研究部门把吴健雄召去,通过面谈,他们对吴健雄非常满意,通知吴健雄第二天一早就来上班。

第二次世界大战,由于美国的参战,局势发生了很大的变化,美国和中国成了同盟国。当时在美国的许多中国留学生和科学家认为,做国防研究,是对加速战争结束的一个贡献。二战停止,日本对中国的侵略也会停止。因此,许多中国人都乐于做国防研究。

吴健雄得到物理研究工作,当然很高兴,她觉得这些研究也会给自己的国家带来些许帮助。

吴健雄再一次感谢老师劳伦斯对她的帮助。令吴健雄始料不及的是,她这一去哥伦比亚,并非短暂的滞留,而是终身供职。

5. 有了儿子

哥伦比亚的工作,给吴健雄带来了愉快的心情。所以,她一改在史密斯学院时抱怨天气、抱怨环境的状态,似乎哥伦比亚的天格外晴朗,周围的人也格外好似的,工作情绪非常饱满。

在普林斯顿的家中,吴健雄也常有科学界的朋友来访。朋友之间谈科学,谈发展,也相互促进,拓宽视野,增进友谊,其乐融融。总之,科研上是顺利而愉快的,与袁家骝的生活也更加甜蜜。这期间,吴健雄在给朋友的书信中,字里行间都洋溢着生活的快乐和幸福,她要将这快乐和幸福带给远方的朋友。

研究工作进展顺利,吴健雄决定短时期内不再转换地方,安下心来在哥伦比亚大学做国防研究。同时也打探着国内的消息,待战争结束,立即收拾东西起程回国。

时间到了 1945 年的 8 月,中国人民经过艰苦卓绝的斗争,终于迫使日本侵略者在投降书上签了字,日本无条件地投降了。全国人民兴高采烈地庆祝这一胜利,海外华人和留学生也为之欢欣鼓舞。然而,不久,中国又陷入了内战的混乱之中。吴健雄和袁家骝再一次失去回国的机会。

老大不小的吴健雄和袁家骝只好决定,在美国生养孩子。怀孕期间,吴健雄依然坚持科研工作,即使妊娠反应再厉害,她也始终没有放弃手中的工作,直至孩子出生。

1947 年的 2 月 15 日,袁家骝夫妇的儿子终于来到了世上。然而,他的到来,却严重地影响了母亲的身体健康。由于吴健雄生产时流血过多,不得不在医院多待了几个星期。

一天,世界级大科学家爱因斯坦先生路经这家医院,顺便看望了吴健雄母子。当时,爱因斯坦在美国的普林斯顿高等研究所供职,住所与吴健雄的家相距不远,彼此很熟,关系融洽。他听说吴健雄是剖宫产,着实吃了一惊,很为吴健雄担心。看到吴健雄苍白、憔悴的面庞,虚弱的身体,爱因斯坦对吴健雄安慰了一番,让她安心恢复身体,不要急于出院。

当看到吴健雄的儿子时,爱因斯坦脸上立即露出慈父般的微笑。他非常爱孩子,爱生命。看到襁褓中的婴儿粉嘟嘟的模样,爱因斯坦很想把他逗乐。可是孩子太小了,终究未乐起来,爱因斯坦的脸上露出失望的神情。这情形,倒把初为人母的吴健雄逗乐了。

爱因斯坦的探望，让吴健雄非常感激。

爱因斯坦是公认的 20 世纪最伟大的科学家，是人类历史上最具创造性才智的人物之一，曾被许多科学家视为典范和楷模。吴健雄直至退休，在哥伦比亚大学的办公室里，还悬挂着爱因斯坦的照片。爱因斯坦的祝福，怎能不让吴健雄为儿子感到荣幸！

儿子的问世，给这个小家庭带来了无比的生气和快乐。第一次做母亲的吴健雄，把所有的爱都给了儿子。儿子的一颦一笑，都引起了她极大的兴趣。见到朋友，也不管别人爱听不爱听，总会唠叨儿子的趣闻，诸如儿子的吃相啦，身高啦，还有头发的稀疏，牙齿长几颗等，似乎儿子是她说不完的话题。

做母亲是幸福和喜悦的，只可惜，远在国内的亲人，无法看到她的儿子，来与她分享喜悦。

吴健雄的工作越来越忙。再忙，她也会抽出空来哺育抚养儿子。她不仅要做一个科学家，而且还要做一个好妻子、好母亲，让这个家充满女人的爱。儿子会走路了，摇摇晃晃，像个小企鹅，逗人发笑。对儿子来说，人生的道路还长着呢，吴健雄非常理智地告诫自己，万万不可娇惯孩子。儿子后来从小学到中学再到大学，由于吴健雄忙于科学研究，儿子在自理与自立中培养了顽强的独立意识与人格。

儿子会叫"爸爸"和"妈妈"了，袁家骝夫妇好开心啊，生活中还有什么比为人父、为人母更快乐的事呢？吴健雄跟孩子更是有说不完的话,她完全被天伦之乐所陶醉。

儿子的到来,增加了吴健雄生活的激情和工作的热情,儿子渐渐长大,吴健雄的事业也渐渐有成。

七

聪慧、才华和毅力，使她赢得了众多的赞誉。然而，世俗对女性的偏见，却让她饱尝不公的待遇。她只有埋首工作，向世俗进行挑战。

1. X 射线与新物理学

1895 年，德国物理学家伦琴发现了 X 射线。这项发现，宣告了新物理学时代的到来。

事情的发生出于偶然。一次，伦琴把一包紧密封存的照相底片储藏在密不见光的地方，而且是在高度真空的放电管附近。等他把那包东西取出来时，底片已变成灰黑而至毁坏。

伦琴感到好生奇怪：是什么东西在进行干扰？或许放电管内有一种未知的射线穿透底片的封套，而使底片感了光？

科学家的责任感促使他进一步实验。在进行阴极射线管中电流的实验时，伦琴发现，附近的一块涂有磷光质的铂氰酸钾在管通电时发亮光。金属的厚片放在管与磷光屏中间时，即投射阴影，而轻的物质，如铝片或木片平时不透光，在这种射线内投射的阴影却几乎看不见。所吸收的射线的数量似乎和吸收体的厚度与密度成正比。

X 射线的发现，在当时立即被用于定位、拍照、探测等各种实验之中。有关 X 射线的新应用和发现，立即传遍整个欧洲。1901 年，伦琴因为 X 射线的伟大发现，获得了第一次诺贝尔物理学奖。

19 世纪末，一些科学家发现了与原子有关的现象，这些都无法用以往的经典物理来解释。X 射线的发现，向人们揭示了这样一个事实：原子具有某种结构。所以，继 X 射线后，许多科学家就对这一现象进行研究。后来，人们就发现放射性物质具有放射性。

伦琴发现的 X 射线既然能对磷光质发生显著的效应，那么人们要问：这种磷光质或他种天然物体，是否也可以产生类似 X 射线那样的射线呢？

在这一研究中，首先获得成功的是法国的物理学家亨利·贝克勒耳。1896 年的 2 月，贝克勒耳在实验中发现，钾铀的硫酸复盐发出的射线，具有 X 射线的穿透力，可以穿透黑纸或其他不透光的物质，对照相底片和验电器起作用。与 X 射线不同的是，钾铀的硫酸复盐发出的射线是自发产生的，不需要任何外界刺激。进一步研究后,他又发现,铀本身与其所有化合物都有同样的作用。

贝克勒耳发现的射线,引起了法国居里夫妇的极大兴趣。1900 年,这对物理学家夫妇进行了系统的研究。他们在各种元素和其化合物以及天然物中寻找这种效应,最后发现沥青铀矿的放射强度,远远超过按它所含铀量应有的强度。

化学分析又给他们带来了新的意外,所有的实验都表明,放射性主要集中于沥青铀矿的两个化学元素里面,即镭和钋。

1899 年,英国的物理学家卢瑟福在实验中证明了铀的射线里有两部分:一部分不能贯穿 1/50 毫米厚的铝片;另一部分则能贯穿约半毫米的铝片,然后,强度就减少一半。第一部分,卢瑟福就叫它 α 射线,能产生最显著的电效应;而贯穿性较大的一部分叫 β 射线,能通过不漏光的遮幕,而使照相底片变质。后来在进一步深入的研究中,又发现第三种更富贯穿性的辐射,称为 γ 射线,在贯穿 1 厘米的铝片之后,还能照相,并使验电器放电。镭放射所有这三种射线比铀容易得多,与其一般活动性成比例,所以研究这些辐射,也以用镭最为便利。

1902 年,卢瑟福和化学家 F. 索迪共同研究了三族放射性元素——镭、钍、锕,由此提出了放射现象乃是一种放射性元素自发地衰变为完全不同的另一种放射性元素的过程。1903 年,卢瑟福说明 α 射线可被电磁场偏转,由偏转方向证明 α 射线是带正电荷的粒子；他又测定了它的速率和荷质比。1908年，因对元素衰变的研究，卢瑟福获得诺贝尔化学奖。1911年，也是中国辛亥革命的那一年，卢瑟福通过α粒子散射实验首先发现有原子核存在，并据此提出核型原子模型，这是他对科学的最大贡献。1919年，卢瑟福用α粒子轰击氮原子，结果氮原子转化为一个氧原子加一个氢原子，从此宣告了核能研究的新时代。

在整个放射性物质和原子研究的过程中，产生了为之共同努力的大批科学家，其中包括玻尔、德布罗意、薛定谔、泡利、海森伯和狄拉克等人。他们打破国界，在创造现代科学最灿烂夺目的时代，做出了应有的贡献。

放射性物质和原子的研究，后来也深深地吸引住了吴健雄，她在前人研究的基础上，一步一个脚印向前迈进，最终取得了显著的成就。

2. 参与"曼哈顿计划"

在第二次世界大战中，敌对双方都竞相利用自己的最新科技武器，以控制战局。最突出的是英美两国的物理学家、化学家与工程师，群策群力，共同合作，在制造原子弹方面和德国人展开了生死攸关的竞赛。

1944年，哥伦比亚大学研究部门把吴健雄召去，研究关于原子弹的制造。正由于此,吴健雄才有机会重新回到她热爱的科学研究中。同时被召集去的,还有当时许多著名的科学家。那时,吴健雄还未加入美国国籍,哥伦比亚大学吸收了一个外籍女性科学家加入研制工作的行列,足见吴健雄在物理学上的才华和成就有过人之处。

原子弹的制造,在美国被称作"曼哈顿计划"。大物理学家奥本海默做了"曼哈顿计划"的主持人。由于他对吴健雄的欣赏,吴健雄才得到这一机会。

早在国内的中央研究院物理研究所时,吴健雄就曾在顾静徽的指导下,测定过某种气体的光谱。吴健雄还做过 X 光晶体衍射实验,这为她后来的物理研究方向奠定了基础。

吴健雄在美国的伯克利,由劳伦斯指导的探究放射性铅因产生 β 衰变放出电子,而激发产生出两种形态 X 光的现象;由塞格雷指导的研究铀原子核分裂的产物,可以说,这些实验都在自觉与不自觉中,为原子弹的研制而做着准备。

实验工作是艰苦的,失败一次一次地接踵而来,而成功的希望也在这一次次失败中孕育着。实验的魅力也正在于此。成功就像暴风雨之夜尚且遥远的人家灯光,虽然遥远,只要你咬住牙坚持,行走,行走,顶住风雨的袭击,闯过这段距离,就会达到灯光的所在。

吴健雄在实验中以顽强的毅力与失败进行斗争。这个单薄、娇小的女性,在她漫长的实验工作中,心中仍念念不忘中学时代就崇拜的科学家——居里夫人。居里夫人在艰苦条件下,顽强的工作精神时时鼓励着她。所以,她不知疲倦地在实验室里,伴着她喜爱的工作,度过了春夏和秋冬。

终于有一天,吴健雄以她不可战胜的毅力取得了实验的成功。这就是在铀原子核分裂产物碘中,观察并且确定出两种放射性惰体气体氙的半衰期、放射数量和同位素数量。这一成果,取得了她的老师塞格雷的称赞,称她为杰出的实验物理学家。

1939 年初,欧洲天寒地冻,可是奥地利籍的女科学家梅特勒将她的原子核分裂的发现一经公布,立刻产生热效应,科学家们不分国界,争先恐后地参加到研究这一发现的行列中。

伯克利的物理学家自然也不甘落后。那时候,他们经常聚在一起讨论原子核分裂的新发展,吴健雄则被认为在此方面有绝对的发言权而被邀去演讲。在物理学家面前,一向文静的她,总是显得那样自信和聪慧,尤其令大家深为惊叹的是,她竟在黑板上由后往前写出一个物理公式,她的才能得到了公认。

1944 年,吴健雄来到哥伦比亚大学的时候,美国的原子弹制造计划已经很成熟,分配给吴健雄的工作主要是发展 γ 射线探测器。吴健雄很快就投入工作中去。她常常工作至深夜,甚至是通宵达旦地做实验。她的顽强、一丝不苟的工作作风,在"曼哈顿计划"工作中,再一次得到了印证。

吴健雄早年在伯克利的实验成果，即铀原子核分裂后，产生的氙气对中子吸收横截面的资料，在"曼哈顿计划"中，起到了极大的作用。这是吴健雄当初做实验时未曾料到的。能为"曼哈顿计划"做贡献，吴健雄感到很骄傲。她盼望着战争早日结束，她惦记着战火下的祖国和在祖国生活的亲人。

　　1945年7月16日，人类的第一颗原子弹经过众多科学家的多年努力，终于试爆成功。它的威力随着蘑菇云而久久不散，令世人惊骇，也严重地威胁着二战中的轴心国。在这次军事科技的竞赛与较量中，美国及其同盟国得胜了。之后不久，美国便用这一新式武器，让日本首尝了它的威力，即在日本的广岛和长崎投下了两颗原子弹。原子弹毁灭性的杀伤力，迫使日本在投降书上签了字。当时，纳粹德国的原子弹的研制，也快有眉目了。美国的抢先，使德国威胁全人类、控制全人类的阴谋破了产。

　　二战的结束，令爱好和平的人们绽开了笑靥，可是广岛和长崎毁灭性的杀伤，又使许多参与"曼哈顿计划"的科学家们深感内疚，他们纷纷发表有关核危害的言论，表示他们强烈的社会责任感。

　　著名科学家爱因斯坦，素来坚持科学的真理，具有一种超乎人类的客观性的观点。早年在德国，在许多科学家都在所谓"告文明世界书"上签了名的情况下，爱因斯坦却大声疾呼："我宁愿被千刀万剐,也不愿参与这种可憎的勾当!"他躲避为德国侵略者研究杀伤武器的每一个机会,想做一个超然于世的科学家。就是这样一位科学家,当他得知德国人发现核裂变有可能研制核武器的消息后,经别的科学家劝说,还是在给美国总统罗斯福的信上签了名,提请美国注意。这封信,最终促使了美国开始研制原子弹的"曼哈顿计划"。

广岛和长崎的灾难,令爱因斯坦始料不及,他为此痛心疾首,十分懊悔。

未亲自参与"曼哈顿计划"的科学家尚且如此难过,更何况投身于原子弹研制工作的吴健雄?多少年后,一提起原子弹毁灭性的杀伤力,吴健雄就痛心不已。她原本是要为世界的和平做出贡献的,广岛和长崎的惨状,使她看到人类的一场悲剧。

3. β 衰变实验

1945 年,随着第二次世界大战的结束,配合战时需要的研究随即停止。哥伦比亚大学召集来的那些科学家也将离开哥伦比亚大学。由于吴健雄在"曼哈顿计划"中的非凡表现,她硬是被哥伦比亚大学留了下来。与她同时留下来的,还有几位成绩卓著的科学家。吴健雄以她自身的努力和成就,消除了哥伦比亚大学对女性的偏见。

留下来后,下一步再做什么实验呢?吴健雄在思考着。根据世界科学的最新发展,也结合着自身从事核研究的经验和优势,吴健雄最后选择了原子核的 β 衰变。

β 射线,是伦琴发现了 X 射线后,一些科学家在追随研究放射性物质中发现的。英国原子核物理学家卢瑟福在研究元素衰变中发现,贯穿性中等的 β 射线容易为磁铁所偏转。放射性发现者贝可勒尔,还发现了它们也为电场所偏转。贝可勒尔确凿地证明它们是射出的荷电质点。

而对 β 衰变有着重要贡献的,当属奥地利物理学家梅特勒。

梅特勒曾与化学家哈恩、斯特拉斯曼合作研究,发现铀裂变,1966 年共获费米奖金。后来还和哈恩发现了镁,并给予命名,共同研究了核同质异能性和 β 衰变。

20 世纪 30 年代,梅特勒与斯特拉斯曼合作,研究了铀受中子轰击的产物。因梅特勒是犹太人,导致了她于 1938 年的夏天离开了纳粹的德国,迁至瑞典定居。在瑞典,她又与自己的侄子弗里施合作研究。在哈恩和斯特拉斯曼证实受中子轰击的铀中出现钡以后,他们姑侄二人阐释了这种核裂变的物理特性。1939 年 1 月,梅特勒与其侄又将这一过程命名为"裂变"。

β 衰变的研究有着广泛的用途,为许多科学家所瞩目。

β 衰变到底是怎么一回事呢?

β衰变是某些不稳定原子核自发耗散自身过剩能量并改变一个单位的正电荷而质量数不变的放射性衰变过程,分为电子发射、正电子发射和电子俘获三种。

所有重于普通氢的原子,都有由中子和质子组成的核,核外由电子环绕,这些轨道电子不参与电子发射。

电子发射也称作β衰变,也就是一个不稳定核自身射出一个高能电子和一个反中微子。两个粒子的发射是由核内一个中子变为质子而产生的。经β衰变产生的子核原子序数比母核大1,但质量数不变。

β衰变,是1899年由英国物理学家卢瑟福命名的。他把穿透力较弱的射线叫α射线,较强的叫β射线。大多数β粒子的速率接近光速。

与γ衰变或α衰变等其他放射形式相比,β衰变是一个慢过程,它的半衰期不会短于几毫秒。

可是β衰变光谱的谱线非常复杂,这些谱线的意义是什么呢?或说它们表现的是什么呢?这在当时的科学界成为悬案。于是,许多科学家又埋头研究了起来。

人们常说思想与文化艺术上常有观点之争,总有热闹的事发生。其实科学发展的每一步也都伴随着斗争和争论,因为科学关系到人类对自然的认识这一大是大非的命题。

对于β衰变的研究也是如此,其间也少不了争论。正是在不断争论、不断研究中,才使β衰变的研究有了较为准确和清晰的思路与纵深的发展。许多知名科学家都卷入了β衰变的研究中,他们都对β衰变的研究做出了一定的贡献。

艾里斯与乌斯特在共同的实验中,显示β衰变的连续能量谱线,梅特勒起初不相信,随着实验的深入,她的实验结果也与艾里斯他们的相同。

β衰变的研究实验,不断在取得进展,然而β衰变中的能量守恒问题却一直未能解决,很让科学家们伤脑筋。

在这关键的时刻,大物理学家泡利的理论,使β衰变有了突破性的进展。其实,早在20世纪20年代末,泡利即观察到:当一个原子核发射出一个β粒子时,总有一些能量和动量丧失掉,这样就违背了守恒定律。为了维护这个定律,1931年,泡利提出,丧失的能量和动量是被某种粒子(后来由费米命名为中微子)从核里带走了。这种粒子不带电荷,质量极微或无质量,一向被忽视,因为它和物质相互作用太少,几乎不可能探测到。事实上,直到1956年,中微子才被观测到。

泡利的伟大贡献在于,1925年提出著名的"泡利不相容原理",这个原理的核心就是:一个原子内不能有两个电子具有相同的状态。

正是这个著名的原理,1946年才入美国籍、奥地利血统的泡利,于1945年获得了诺贝尔物理学奖。这个原理,也澄清了元素周期表的结构的缘由。

　　泡利不相容原理,引起了在意大利出生的美籍理论物理学家费米的高度重视。根据此原理,费米得出预测电子特征的量子统计法。他还利用放射性铍发出的中子使之通过石蜡而减速。在这样一个实验中,他发现慢中子在引起放射性粒子发射上特别有效,这引起了他极大的兴趣。后来,他将这一方法用于一系列元素的实验,结果大获成功。

　　由于鉴别了用中子轰击而产生出许多新放射性元素以及发现用慢中子实现核反应,他获得了 1938 年诺贝尔物理学奖。

　　提到费米,还应多说两句。第二次世界大战爆发后,希特勒为达到控制全世界的目的,曾组织一批科学家为其研究制造毁灭性武器。德国科学家成功地用慢中子轰击铀,发现铀核裂变释放巨大能量。德国科学家欣喜若狂,似乎原子弹已为他们张开硕大的蘑菇云。此事被费米知道后,他感到事情的严重性,遂联合了一些很有声望的科学家,写了一封信,请爱因斯坦署名后呈交给当时的美国总统罗斯福,呼吁美国政府要注意希特勒的科学家,他们有生产原子弹的可能。这封信引起了罗斯福的高度重视,立即召开国会,决定实施"曼哈顿计划",即组织第一枚原子弹的试制。费米也被美国政府委派负责产生可控制的自持链式核反应的工作。他设计并领导建成世界第一座原子核反应堆,当年(1942 年)12 月在芝加哥大学实现第一次自持链式核反应。1946 年,他便成为芝加哥大学核研究的功勋教授。美国国会还授给他一枚勋章。

第二次世界大战结束后,β 衰变的研究在继续,β 衰变的磁谱研究也有待于深入。

1946 年以后,吴健雄与她的合作者连续发表了几篇关于不同元素的慢中子效应的论文。必须承认,当年参与"曼哈顿计划"的工作,为吴健雄后来 β 衰变的研究,打下了一个坚实的基础。几年的时间里,吴健雄连续发现几种不同形式的 β 衰变谱线。尤其在探查禁戒 β 衰变自旋和宇称状态的不同方面,做出了卓越的贡献,观测出三种不同的禁戒谱,取得了 β 衰变理论的进一步成功。

到了 20 世纪 50 年代,由于吴健雄的勤奋与努力,她在 β 衰变领域中不仅享有了权威的名望,而且已经跻身世界级科学家的行列。

4. 不为名利所累

吴健雄像所有的大科学家一样,睿智、坚毅,对科学具有狂热的追求精神。

1942 年,她从伯克利加利福尼亚大学毕业后,曾为无事可做而深深地苦恼过,在心底一遍又一遍地呼喊着要求工作。

经过多方的联系,她终于来到美国东部专收女生的史密斯学院做教师。有工作,生活充实了,也有了自己真正意义上的人的独立,内心稍趋平衡。然而不久,新的苦恼又袭上心头:史密斯学院由于经费的原因,不能为她提供实验室。这对于迷恋科学研究的她来讲,不啻为一个折磨,虽然这时的工作轻松、闲适。"我要实验,我要研究"像影子一样,追随着她。

没有机会,吴健雄就寻找机会,创造机会。她遍览物理期刊,踊跃参加物理方面的学术会议,向着时代挑战,也为着自己能够浮出物理科学的海面而做着准备。

第二年,史密斯学院要为她提升职位,薪水也要增加许多,这对于不太富裕的她应该是个不小的诱惑。然而科学家的视野,还是让她抛却了即将得到的身外之物,毅然前往有实验希望的普林斯顿大学去任教。在这里,她的待遇要比史密斯学院的低。如果有实验工作可做,再低的待遇,吴健雄都认了。在这个世界上,她唯一的事业,就是从事物理实验。然而,普林斯顿再度让她失望。

也许上苍有意成全她的科学家之梦,不久,天赐良机,她有幸走入哥伦比亚大学,参与制造原子弹的"曼哈顿计划"。她为拥有这样一个机遇而欣喜,全然不顾待遇和职位。这位在科学研究中显现出超人的毅力和刚强的女性,在个人的名利上却羞于启口。她认为争名争利不是一个具有良好素养的科学家之所为。她从事科学的动力，早先源于为中国人争气，用科学治国的思想，后来，乡关路断，她的科学追求中，更多是在追求人类科学的真理，消弭人类认识的愚昧和无知。这是难得的一种思想境界，并非所有的科学家都能做到这一点。

当她在 β 衰变领域中已取得了相当成绩的时候，在哥伦比亚大学物理系的教席上，依然没有为她提供一个位置，只是派些研究生跟她做实验，而且实验室在实验大楼的底层。有的人，很可能会感到委屈，而吴健雄却没有个人的恩怨，只要提供实验的条件，她就满足了。

她从来不为职位、待遇和薪水而与人争执。她始终默默地工作，遇到名利的事，物理系似乎也把她忘了。她的合作者与同事都为她愤愤不平，向系里提议为吴健雄提供教席地位。然而，女性，又是女性，成了系方领导拒绝的最好理由。

吴健雄已多次领教了美国人对女性的偏见。这个号称自由、民主、人权的国家，从未把她作为一个真正独立的人来看待，即使她是一个成绩卓著、昭然于世的科学家。

说起反对为吴健雄提供教席地位的那位拉比，让人不可思议。这位大科学家一直与吴健雄的关系很密切，对她的科学研究很关注，并给予其较深的影响。只是这位反对者一脑子的旧观念。

拉比是位具有犹太血统的美籍物理学家，1929 年在哥伦比亚大学任教。该校的物理系的发展有着他的卓越贡献,在与其他物理科学家共同努力下,哥大的物理系在美国有着非凡的影响力。拉比在物理学上的地位,是因为他在 1937 年发明了用原子束和分子束磁共振法观测原子光谱,从而获得了 1944 年诺贝尔物理学奖。后来的很多应用,如原子钟、微波激射、激光等,都在很大程度上依赖于拉比的开拓性工作。

即使地位这样高的拉比,也未挡得住众人对吴健雄不公待遇的不平。尽管吴健雄不为自己的待遇有所表示,物理系的行政会议还是通过了给她副教授的席位提议,并且是永久性的。这是 1952 年发生的事。随着职位的升迁,她的实验室也从实验大楼的底层往上升了许多,条件也好了起来。

然而,她的薪水并没有增加。她依然拿着较低的薪水,从事着高精尖的科学事业。她没有理会薪水的微薄和生活的低水平,依然默默地研究、实验。

成为副教授的吴健雄,跟随她做实验的学生自然要比从前多了些。在学生面前,这位来自相对落后国家的学者,却没有所谓民主、平等国家学者那么多的等级观念。她在学生的面前,既是一位严厉的师长,又是一位慈祥的母亲。

因为自身是女性,在科学的道路上,吴健雄遇到许多男性无法碰到的困难,其中的苦涩,不知咀嚼了多少次。因此,她对女学生有着一种特殊的关爱,主动找她们谈学业,问生活上的冷暖。许多女学生在她的感召下,追随她做物理研究。这些女学生是幸运的。

吴健雄与她的学生一起实验,一块儿吃饭,关心他们的成长。甚至连他们的交友、婚姻、家庭、育子及毕业后的去向,也都非常关心,不时伸出援助之手。在她的实验室,可以经常听到她和学生的对话,或为某一问题争论,显示了她的平易近人。在科学面前,她却从不允许她的弟子们有半点马虎,出丁点儿差错。对学生的纰漏,她严厉得近于苛刻。

有一件事令吴健雄回想起来十分地懊恼。在解决将 β 衰变的实验现象归结为一个更普遍适应的理论问题时,她的两个弟子在实验时出现了失误。虽然实验不是她做的,由此实验发表的论文也未署上她的名字,但吴健雄内心还是感到深深的愧疚。这件事后,吴健雄更加严于律己,对实验要求也更加严格了。

学生做实验时,吴健雄时常站在旁边,及时纠正学生不准确的操作方法,一再强调工作的程序,直至学生熟记于心,方肯罢休。跟随她从事研究的学生,在不知不觉中有了很大的长进。多少年后,她对科学孜孜以求和忘我奉献的精神,一直还为她的学生感佩不已。

在科学研究中,吴健雄有时也表现出科学家的某种自私。这可能是缘于科学研究的激烈竞争,担心他人剽窃自己的成果。

研究过程中的保密,似乎是所有科学家的共性。在实验结果未发表以前,吴健雄严格保护着自己的研究,不允许别人打探到一点儿消息。她不仅身体力行,还一再教导她的弟子们遵守她的告诫。学生们从不违背实验室的纪律。故而,她与他们一起工作感到十分愉快。

但是,后来她还是遭遇到一次不经意的泄密,这险些让她失去成为宣布"宇称守恒定律死了"第一人的机会。

杨振宁和李政道提出弱相互作用中宇称不守恒的理论后,吴健雄慧眼认识到此项实验的重要性的同时,也引起了另一位实验物理学家李德曼的高度重视,并着手实验,来验证杨、李之说,但他的实验进展并不太好。

就在吴健雄的实验差不多快成功时,她把最新的实验结果告诉了一直在等待好消息的杨振宁和李政道。因为还不是最后的结果,还需要再验证,所以,吴健雄一再嘱咐二人,先不要向外人透露。

也许是由于喜悦和激动,在一次聚会上,李政道于不经意中,把吴健雄最新的实验消息告诉了与会者。此消息使人们产生了一定的激动,很快传到了李德曼的耳中。

李德曼动了脑子,在他的实验基础上,利用其他物理元素,找出了验证宇称不守恒理论的另一种途径。果然,几天之后,他得出了肯定的结果。此时吴健雄的实验还未查证完,李德曼抢先一步,无疑给吴健雄带来了巨大的心理压力。两个实验室的论文同时寄给了《物理评论》杂志。好在李德曼是个公正的科学家,他在他的论文上注明了是由于得知吴健雄实验的肯定结果,才有了他这一次成功的实验。假如李德曼不是这么君子,其结果该是怎样的呢?

看来,保护自己的研究机密,如同保护自己的产权一样重要。

5. 生当作人杰

具有良好品质的吴健雄,身边琐碎的小事以及待遇地位诸事,从未影响她对科学探究的进展。不为身边的名利所累,并不意味着她没有科学上成功的愿望,唯有成功,才能使科学的追求成为一个实在的、有意义的工作。

早在青少年时代,诸多英雄的事迹,伴随她识字、学文化、长知识的岁月,已潜移默化地渗入她的心灵之中。从那时起,她已扬起理想之帆,决心做一个对国家、对民族有用的人。

来到美国,处于一个竞争的社会,她更是调整心态,积极迎接挑战。美国对女性又一向不重视,只有加倍努力,寻找条件,发挥自己特长,才能取得世人的承认。在聚集世界一流的物理学家和拥有众多诺贝尔奖获得者的美国科学界,尤其是具有权威地位的哥伦比亚大学物理系,吴健雄要想得到世人的承认,谈何容易?别的女性,有个稳定的工作,轻轻松松做点事,也就算了。而吴健雄在科学实验中从未松懈过,李清照的"生当作人杰"的警言,时时鼓舞她努力、努力、再努力,她从不把时间浪费在无聊的争执和争夺名利上。她生性内向,有自己做人的准则。在更多的情况下,她是心无旁骛、专心致志地在搞自己的研究。

1956年,历史将科学的机遇送给了她。这一年,在中国出生的杨振宁和李政道合作研究,提出弱相互作用中宇称不守恒的理论。

当时,物理学界是这样认为的:宇称守恒是和能量守恒、电荷守恒一样普遍适用的定律。而杨振宁和李政道的研究则认为:θ介子和τ介子因为以宇称不同的方式衰变,过去认为是不同的介子,实际上是同一粒子。因为宇称守恒定律不容许单一粒子有表现相反宇称的衰变方式,唯一可能的结论是,至少对于弱相互作用来说,宇称是不守恒的。

杨振宁与李政道的解说,对当时的物理学界震动很大。吴健雄也被深深地震撼了,她不得不为同胞的非凡成就而惊叹。可是,物理是一门实验科学。李政道与杨振宁的理论恰恰缺少实验证据,具有研究 β 衰变绝对经验的吴健雄,以其非凡的洞察力,认识到此项实验的重要性及其意义,于是她毅然决然地决定:要为杨、李的理论提供实验证据。即使结果与杨、李之说大相径庭,这个实验也值。以往的历史中,β 衰变中尚无任何关于左右对称的资料。仅因于此,吴健雄也要做这个实验。

当时科学界的舆论与吴健雄的决心正好相左。不仅如此,杨振宁和李政道自身也对这一理论没有多大把握,也未肯定说宇称是不守恒的,只是提出一个可能的方向而已。

实验物理科学家大多不愿意做这个实验。另外,技术方面的困难也太大,许多科学家心存疑虑。宇称不守恒实验,对于对实验技术没有相当的了解和深刻认识的人来说,简直是无从着手。

在这种相对较为孤立的情况下,吴健雄这个娇小的女科学家,摆脱了传统观点的世俗力量,力排众议,坚定地表示要做这个实验。她的态度令许多男性科学家惊讶,其中包括杨振宁和李政道。多少年后,杨振宁谈及此事,仍为吴健雄的科学品质和洞察事物的能力而赞叹不已。这也表明,吴健雄的确具有大物理学家独到的素质。

实验的难度确实比想象的要大。实验尚未开始,一大堆难题已摆在了吴健雄的面前。怎么办? 吴健雄丝毫没被困难吓住,而是勇敢地迎了上去,接受挑战,紧紧地抓住了这个千载难逢的机会。

吴健雄的实验,一向以准确、精细而著称,这是与她实验前期的准备工作分不开的。此次实验,吴健雄更是花费了许多精力,用于前期的准备工作,包括对一些技术的了解。

实验需要在低温状态下进行,而吴健雄对低温物理实验经验甚少,她急需一个低温物理实验的助手。在寻觅与选择中,吴健雄有幸得到一位在华盛顿哥伦比亚特区国家标准局工作、擅长做低温物理实验的安伯勒的支持,安伯勒表示,有兴趣加盟吴健雄的实验工作。

安伯勒是英国人,有一点儿绅士风度,做事讲求效率,初次见面,便取得了吴健雄对他的信任。

除安伯勒外,国家标准局的哈德森、黑渥由于对吴健雄实验的兴趣,也一同加盟吴健雄的实验。

经过几个月的准备工作,实验终于在国家标准局的实验室展开了。然而实验并不顺利,许多意想不到的困难像预谋好准备难为吴健雄似的,一个个蹦了出来。吴健雄遇到困难,不急不躁,冷静地分析操作的外部条件与内部原因,把困难一个一个地排除了。

吴健雄有着惊人的毅力和精力。那时她在哥伦比亚大学还有授课和研究工作,她往往两下里跑,不知疲倦。她太懂得此次实验的重要了。

1956 年 1 月 9 日,经过千辛万苦的实验,吴健雄和她的合作者们,终于证实了杨振宁与李政道的弱相互作用中宇称不守恒结论的正确性。方法是观测钴-60 射出的 β 粒子,观察到有一个占优势的发射方向。因此,这个弱相互作用宇称是不守恒的。

吴健雄成功的实验,使物理学得到了革命性的进展,也使弱相互作用不守恒理论的提出者——两名中国人杨振宁和李政道,于第二年,即1957年,站在了诺贝尔物理学奖的领奖台上。那一年,杨振宁才35岁,而李政道则更为年轻,才31岁。他们比起1951年至1972年平均年龄为51岁的诺贝尔物理学奖获得者,的确年轻了许多。

中国人可以大大地为他们三人感到骄傲和自豪。

虽然因种种原因,诺贝尔物理学奖的桂冠未能戴在吴健雄的头上,但当她看到因为她的成功而精确的实验,把她的两位同胞送到了瑞典首都斯德哥尔摩,站在了诺贝尔物理学奖的领奖台上,内心还是充满了喜悦。

吴健雄是非常豁达的,她曾多次表示,她的实验、她的研究不是为了获奖。她热爱科学事业,想为科学事业做些贡献,尽自己的微薄之力。

三位中国人的成就,让吴健雄在伯克利大学的指导老师塞格雷大为震惊。在当时,懂得如何做出宇称不守恒的 β 衰变效应的只有吴健雄和塞格雷。而没有塞格雷的指导,吴健雄根本无法出师,更无从谈起她在 β 衰变方面的权威地位。吴健雄对塞格雷的感激之情是深厚的,不仅仅是承师业取得了后来辉煌的成绩,更主要的是得到塞格雷处处对她慈父般的关爱和指教。

1956 年,杨振宁和李政道对宇称守恒定律提出疑问,得出弱相互作用中宇称不守恒的结论时,在物理学界曾引起了一片哗然。科学家们纷纷表示,杨、李之说是不合理的。

也有科学家想做实验证实杨、李的理论,却遭到许多科学家的反对和讥笑。

参加过"曼哈顿计划"研究工作,1965 年因修正了过去量子电动力学阐述得不准确的地方,与美国的施温格和日本的朝永振一郎共获诺贝尔物理学奖的费因曼就很瞧不起宇称不守恒的实验,认为这是一个不理智的举动,是在浪费时间。另一位诺贝尔物理学奖获得者布洛克,则认为杨、李的理论简直是天方夜谭。如果能用实验证实他们的理论,他情愿以吞下他的帽子,来表示他坚决否认的态度。

伟大的泡利素与吴健雄关系较好,当得知吴健雄要做这个实验时,他曾为吴健雄的举动表示出极大的惋惜。以吴健雄的才分,他认为吴健雄应该去做更重要的事,犯不着在这明显不成立的理论上消耗时间。

要知道,泡利可是位公认的大物理学家,素以说话直率、敢于直言质疑而著称。他对宇称不守恒理论不以为然的态度,更加重了这一理论"不合理"的砝码。

看来宇称守恒定律早已深入人心,在世人眼里,它已是一条铁律。

可是,三位中国人却改写了宇称守恒定律的历史。尤其是吴健雄的实验,不仅打破了这条铁律,证实了杨、李之说的正确性,而且让那些反对者在这一事实面前瞠目结舌。

吴健雄的指导老师塞格雷深为学生吴健雄的勇气、魄力和眼力而折服,并以此而自豪。

三位中国人的成功,着实让整个世界都大吃了一惊。

实验结果一经公布,在美国,大小媒体竞相报道此事。不久,也传到了其他国家。吴健雄同杨振宁、李政道一起,很快成为家喻户晓的人物。

许多科学家闻听此事,纷纷来到实验室,重复做这个实验,来证实实验结果的准确性。

也有许多大学和科研单位,热情邀请吴健雄前去讲述实验的过程,就连以讨论强相互作用为主的罗彻斯特大会,也邀请她前去参加会议,发表演讲。可见吴健雄宇称不守恒实验的影响力和冲击力。

在一次研讨会上,吴健雄又一次复述她的革命性的实验是如何证实了宇称不守恒的理论。她以东方女性特有的口吻,用掺杂着上海口音的英语,平静地讲述着。毫无语音魅力,却充满理性光辉的演讲,征服了在座的每一位科学家。他们全神贯注地听她演讲,整个会议室座无虚席。

那一天，美国著名的理论物理学家奥本海默也在座，并且坐在了第一排。

奥本海默素有"原子弹之父"之称，此时，他正托着下巴，直视着吴健雄，聆听她的演讲。后来，奥本海默还就吴健雄的成功实验，举行了一次晚宴，专门把吴健雄安排在他的身旁。

吴健雄还到过欧洲的许多国家演讲，每到一处，听众都报以热烈的掌声。

在成功的面前，自然有鲜花，有祝贺。而吴健雄并未飘飘然陶醉其中，只是感到自己应该做得漂亮，做得出色。她的一贯严于律己的态度，赢得了一个又一个实验的成功。

1958 年，曾对宇称不守恒理论嗤之以鼻的费因曼，与他的合作者盖耳曼，提出在核的 β 衰变中向量流守恒的理论。吴健雄以其实验物理学家独具的洞察力，再一次发现对这一理论进行实验的重要性。

这次实验，与她合作的是哥大的她的两个学生。他们的合作非常愉快。正是在跟随吴健雄的实验中，这两位学生在物理学上才有了长足的进步和发展。

实验同样是艰难的，甚至比宇称不守恒实验技术要求更高，光准备工作就用了将近一年的时间。为了早日完成实验，吴健雄经常工作十几个小时，至深夜一两点钟才回家。这时，学校的大门已经上锁。很难想象，吴健雄这把年纪了，还要翻过窗户回家。等实验结束时,她身体的磕碰伤,已到了非住医院不可的程度。为了她所热爱的事业,她所牺牲的,真是太多太多。

1963 年,吴健雄在美国物理学会上报告了实验结果。这个实验,同样在物理学上产生了深远的影响。吴健雄因而又一次得到了广泛的赞誉和肯定。

伴随着实验室里产生出的一项项成果,吴健雄的名字被越来越多的人所认识。世界上一次次重要的核物理研讨会,她都是作为重要人物被邀请出席。

八

宇称不守恒的成功实验，推动物理科学迈出了革命性的一大步。全世界都记住了她的名字，荣誉和鲜花蜂拥而至，然而，她忘不了女性的艰难、友情的温馨。

1. 光环终于罩在她的头上

宇称不守恒实验的成功，一夜之间，吴健雄声名大噪。不仅在美国处处邀请她讲演，而且，欧洲的一些国家也热情相邀，这促成了吴健雄长时间的欧洲访问，以弥补这个实验前，未能陪丈夫访问欧洲的遗憾。要知道，那时候她已订好了船票，为了实验，毅然放弃了那次旅行。事实证明，她的决断是多么明智。

1958 年 6 月，在美国享有崇高学术地位的普林斯顿大学授予吴健雄荣誉博士。她是具有悠久历史的普林斯顿大学名誉博士中第一位女性获得者。这迟到的荣誉，并不想戴到女性的头上，但在吴健雄非凡的成就前，这个百年老校还是让了步。那一天,与她同台获此殊荣的还有12位男性,其中包括华人杨振宁先生和李政道先生。

这一年,吴健雄被选为美国国家科学院院士。这在美国科学界,可是最高的荣誉了,荣获此荣誉的女性,更是寥若晨星。吴健雄还获得了美国科学基金会颁发的"科学研究基金会奖"。

还是这一年,哥伦比亚大学抛弃对女性的偏见,晋升吴健雄为正教授。后来,到1982年时,哥大的校长梭汶先生还非常庄重地将荣誉博士的证书,亲自颁授到吴健雄的手中。当年曾经反对给她晋职为副教授的拉比,此时的思想观念也已发生了巨大的转变,这天,他还与吴健雄特意合了个影,从表情上看,两人当时的心情都挺愉快。

1959年,吴健雄获得了研究法人组织奖。这个奖项在她之前还从未给过女性,吴健雄让同行的男士们刮目相看。

吴健雄作为女性中的佼佼者,1960年,又被美国妇女联合会评选为本年度最杰出的妇女。是的,哪位妇女能够像她那样,"推翻了以前关于宇宙物理构造所有理论中被接受的一项错误观念"呢?正如中国的著名物理学家沈致远在他的诗作《对称——悼吴健雄》中所写:

钻石对称

才有耀目的光华

分子对称
才有整齐的光谱

核子对称
宇宙万物才不致湮灭

空间似乎对称
吴健雄证明其实并不完全对称
感谢她　　我们才不致走入镜中世界

时间完全不对称
造物主不想让凡人不老长生

　　吴健雄宇称不守恒的伟大实验,不仅使物理学得到了革命性的进展,而且扭转了人们一贯的错误看法。

　　为表彰她领导完成的宇称不守恒实验,美国的富兰克林学社于 1962 年 10 月向她颁发了魏德瑞尔奖章。

　　吴健雄还先后被哈佛、耶鲁等一些著名的大学聘为荣誉博士。英国的爱丁堡皇家学会、美国的物理学会和核物理学会,陆续选她为荣誉会员。

1969 年的一天,香港中文大学把荣誉博士授给了她,此荣誉也是该校第一次授给女性。

还有"世界最顶尖女性实验物理学家""核子物理女皇""物理研究的第一夫人"等声誉,统统给了她。

众多的荣誉光环,并未使吴健雄有丝毫的晕眩和失重,她依然固守着物理学家的责任,埋首实验,静心工作。

在美国的哥伦比亚大学,曾专门设有普平讲座教授的荣誉称号,这个称号规定必须是哥伦比亚大学物理系在所有任教教授中推出的一位最有威望的教授,才能获此殊荣。1972 年,长期对女性持偏见态度的哥伦比亚大学,却把普平教授的荣誉称号给了吴健雄。

1974 年,美国的《工业研究》杂志举办年度科学家奖活动。在以往的评奖活动中,中奖者是清一色的男性科学家。此年度,却让吴健雄这一女性敲开了领奖台的大门。

1973 年初,在美国物理学家的年会上,一项宣布震惊四座,即哥伦比亚大学的吴健雄女士当选为美国物理学会的副会长。此宣布不啻一个炸雷,物理学会这一男性主宰的世界第一次面临女性的领导,男性科学家该作何想呢?两年以后,吴健雄接替了美国物理学会会长的职务。她还是长期以来唯一担任此职务的中国科学家。

担任物理学会会长后，吴健雄仍像她从事科学实验时那样认真、坚忍不拔，显示出她非凡的领导能力。她为物理学会做了许多实事，从而赢得了许多第一次被女性领导的男性科学家的称赞。

1976年10月18日，美国总统福特在白宫亲自向吴健雄颁发了美国国家科学奖章。这是美国科学界能够获得的国家最高荣誉。

吴健雄还荣获了1978年的国际沃尔夫奖。这个奖项是由一位以色列工业家捐款设立的，由于它的严肃性和高标准，后来被人称作以色列诺贝尔奖。这个奖专门颁给那些应该得到诺贝尔奖而未能得到的优秀科学家。颁奖那天，以色列的总理比金也在座，可见对此奖的高度重视。当时坐在主席台上的比金，把脸扭向吴健雄，用手托着下巴，自始至终聆听她的演讲。

联合国教科文组织也高度重视吴健雄的成就。1981年，联合国教科文组织把"年度杰出妇女奖"授给了她。

1981年，意大利总统向她颁授了圣文生文化基金会的"年度女性奖"。为此奖，吴健雄还专门去了趟意大利。

隔了一年，也就是1983年，哈佛大学雷克里夫学院颁发给她终身成就奖。到了1984年，美国成就学院把金牌奖写在了她的名下。纽约市政府不甘落后，也给她一个奖，即女性成就奖。

吴健雄得到的荣誉不少吧，然而她得到的奖项还不止这些。

1985年,青年奖章又幸运地挂在了她的脖子上。1986年,纽约市长柯赫在市政厅向吴健雄颁发了由他创设的科学技术贡献市长奖。这一年的10月,吴健雄又拿回一枚艾丽丝岛奖章。

1990年,发生了这样一件事,中国科学院南京紫金山天文台发现了一颗小行星。这个发现自然令人欣喜,然而怎样给它命名呢?天文台的工作人员为了向吴健雄表示崇敬之情,便以她的名字为这颗小行星命了名。

1994年,她还被选为中国科学院院士;让她开心的是,同年她和丈夫袁家骝同台领取了全美华人协会的杰出成就奖,还是这一年,意大利政府向她颁授了艾瑞契科学和平奖。

所有的奖给她都不过分,她的创造、她的成就为这些奖项做了最好的说明。

2. 女性的艰难

每个成功者似乎都有过一段艰难历程的磨砺。吴健雄亦如此。在男性为霸主的科学界里,作为女性,作为华人,她遇到的困难何其多!

成功后的吴健雄,无论生活怎样向她微笑,她都忘不了她所走过的路。

吴健雄从小就生活在一个开明、民主的家庭。父亲与叔叔在五四运动的感召下,思想开明,趋向民主,他们经常教导吴健雄,男孩子能做的事,女孩子也能做得到。在一个几千年重男轻女的社会氛围里,他们有意识地重视她,鼓励她,营造一个女孩子也能做大事的环境。

在那样的时代里,周围的女孩子许多被歧视,或做男人的附庸,而吴健雄却度过了一个愉快的童年。看到父亲、叔叔出出进进在做大事,她也曾有过女儿身有许多限制的想法,但她最终还是冲出旧思想的樊篱,以女儿身的努力,做出让男孩子羡慕的成绩来。她在小学、中学、大学的努力和成绩及她自身所显露的才华,令许多男孩子相形见绌。

所以,在中国从童年到大学,她的生活还是顺利的,并无多大阻碍,别人从未对她有过分的挑剔。那时,她也从未感受到女性与男性有什么不同。

然而,来到美国情形就不一样了。这是吴健雄所始料不及的。她所以选中美国,有很大成分是她所敬仰的几位老师都曾先后在美国接受过教育,他们思想新颖,思路敏捷,而且她还得知美国科学比较发达。

吴健雄初到美国是要到密歇根大学求学的,后来听说那里对女生歧视得很,这令她十分失望。在中国,她周围也有许多女生,可大家从未遇过这等事。吴健雄是不会去对女性不公平的学校求学的。

随着时间的推移,吴健雄对美国有了更加深切的感受,美国并不像原先想象的那么平等和民主。由此,她非常怀念在中国的岁月。

真正让她领教女性不平等待遇的,是在她学生时代的结束、物理科学家生涯的开始。伯克利大学诸多老师那么欣赏她的才干和成绩,却终究抵不住传统对女性的偏见,她不得不离开伯克利,而留下的是内心的伤痛。

她几经努力,多方联系,想去一所能提供实验设备的大学任教,但都未能成功。她四处碰壁的原因,皆来自她是一位女性。做个女人,想在男性从事的领域里取得一席之位,竟如此之难。

她最终如愿以偿,还是靠具有权威的男性推荐。为此,她为美国在两性态度上的落后而感到悲哀。

所以,她一旦得到了实验的条件和机会,便投入全身心的精力,甚至超过所有的男人。她以不可比拟的坚忍不拔的精神,与同行的男性比高低。她还要腾出时间养孩子、料理家务。她所展现出的女性的耐力和承受重负的毅力,令同行的男性惊叹。

在待遇上,美国大学也没有将男女一视同仁过。普林斯顿大学,只给她一个讲师的职位。哥伦比亚大学干脆就不给她设教师的席位,还把她的实验室定在整个大楼的最底层,工资也是低层次。面对这样的一个工作环境,吴健雄无可奈何,她只有默默工作,努力工作;让成果说话,让成就改变人的观念。

吴健雄是为了参与"曼哈顿计划"才走进了哥伦比亚大学。美国第一颗原子弹的研制,有她不可磨灭的功劳,然而哥大物理系并未想到应该给她应有的职位和待遇。

对吴健雄的不公平待遇,同行的男性都看不下去了,然而他们也无法战胜校方世俗的偏见。在哥伦比亚大学,吴健雄经过了漫长8年的等待,到了1952年,她才被聘为哥大物理系的副教授。岁月流逝了20多年后,到了70年代,吴健雄的工资依然很低。新上任的哥大物理系系主任看到了不公,由于他的努力,吴健雄的工资才有了大幅度的提高。

那时候的吴健雄工作十分卖力,与学生一起做实验,工作十几个小时是常有的事,为了实验,午饭和晚饭十分简单,只是随便对付一下。

她顽强地在一向认为是男性领域的物理科学实验里竞争着,强迫自己消灭实验的差错,她的实验的精细和准确在美国已很闻名,她是一位从来没有做过一个错误实验的物理学家。她这种实验功夫,令许多实验物理学家赞赏不已,自叹弗如。

正是她的精细和准确,她为宇称在弱相互作用中是不守恒的结论做出了成功的实验。这项标志着革命性的实验,使她得到了世人的承认,一连串的荣誉都给了她。面对她的成功,哥大物理系在1958年聘任吴健雄为正教授。其实在这项实验前,根据吴健雄的工作表现与业绩,她早应被聘为正教授。又经过14

年,哥伦比亚大学物理系将普平教授的荣誉称号给了她。从哥伦比亚大学最初对吴健雄的态度到后来的巨大转变,可以看出,吴健雄在工作上所付出的努力和其女性才华展现的事实,在自觉与不自觉中,让世俗的偏见低下了头。

回首自己走过的路,吴健雄忘不了自己的艰辛,也对美国世俗的偏见感到不可思议。为此,当她成功后,利用物理学会会长的便利,多次在公开场合为女性的工作权利呼吁,尤其对女性在科学技术教研上的受排挤及待遇不公,大胆地指出了美国在这方面的社会风气问题及其不开明,并提出了还在女孩子们小的时候,社会、家庭和学校要共同根除女孩子的心理障碍。

吴健雄的倡导,得到了大多数女性的拥护,包括许多男性也赞同她的观点。吴健雄以她自身的才智,为美国妇女及世界妇女树立了榜样。

3. 追求科学中美感的体验

追求科学的过程是一种审美过程,它所带来的愉悦和快感,是局外人无法感受到的。

还在孩提时代,吴健雄就喜欢科学,热爱科学,许多自然现象,都令她突发奇想。爸爸亲手做的矿石收音机引逗得她长时间遐想,总想探讨它的内部是什么,为什么会产生声音。

上学后，她更喜欢算术给她带来的智慧的启迪，一个个数字及符号，不亚于一个个音符的美妙。在别人看来，数字是枯燥无味的，对她来说，数字就像她的朋友。所以，她一钻到学海里，往往会忘记时间，忘记劳累，忘记自己的存在。

在苏州第二女子师范学校，为学得更多的科学知识，吴健雄每天夜里 10 点以后自修学习，同学们都惊叹她的毅力和精神。她们却不知道她自修过程中的成功后的喜悦。每当解出一道题，弄懂一个问题，她都会畅快地舒出一口气，增加一分自信心。在中央大学，她把这种愉悦的情感化成一种恒心，小屋迟迟不熄的灯光为她作了明证。

最强的美的体验和快乐是在具体的科学实验中感受到的。

第一次真正意义上的实验，在上海中央研究院物理研究所，跟随顾静徽所领导的光谱组从事光谱研究。光谱是研究原子和分子结构的有力工具。为窥探原子内部的奥秘，吴健雄与导师一起整日埋头在实验室中，对光谱进行测量和分析。她深深地被微观世界中波的相互作用、干涉吸引住了，以至于她忘记了吃饭和休息。当搞清楚不同波线之间的本质联系时，她喜悦之情溢于言表。

到了美国的伯克利，在大物理学家劳伦斯创建的辐射实验室里做研究，导师对事物认识的穿透力和实验中呈现的复杂性，着实让吴健雄激动，她的生命充满了活力。

吴健雄对科学理论的内质美感,有一种自觉的欣赏和理解。

当意大利出生的美籍理论物理学家费米提出 β 衰变理论后,曾吸引了许多实验者,但都没有一个满意的结果。十几年后,吴健雄与其合作者,重新审视了费米的理论,仍发现理论自身的熠熠闪光处。吴健雄以其精巧的设计进行实验,其实验结果与费米的理论竟然完全吻合,从而把物理学界多年来的模糊认识,一下子澄清了。

物理实验同建筑一样,也需要设计和方法。设计得巧,思路对,实验成功率就大;要不然,同一个理论,为什么有的能成功地做出实验,而有的却难以实现?吴健雄是以她设计精巧、细致而著称的,体现了她对科学理性美的理解和把握。

在她最完美的宇称不守恒的实验中,对理论自身的把握是产生她的创造性思维与想象的最好佐证,加之她独有的精确、细致的工作作风与设计上的精巧,使实验蒙上了很强的美的神秘色彩。在这种美的感染下,吴健雄常常为实验的本身而激动和陶醉。

实验成功时,这个实验小组成员举杯相庆,沉在心底的是莫大的满足,所有的金钱都买不到那时的心情。

一次,在演讲快结束时,吴健雄兴奋地说:"我们真的很开心!"这是科学家对物理实验本身的真正感受。在吴健雄看来,世界上还有什么工作能比探寻物理科学的真理而更令人愉快呢?

在漫长的追求科学的生涯中,正是科学的理性之光使她从初出茅庐的学子逐渐成为成熟的科学家。她不顾一切地追随着科学,以饱满的热情投入实验中,形成久远的创造动力。

毫无疑问,职业能改变人的精神和习惯。当年明德女子学校灵秀的小女孩,苏州女子师范的豆蔻少女,直至中央大学娴静的姑娘,伯克利时期的典雅女学生,所散发的青春气息是无法抵御的。青春是美好的,对于全人类,它都是不可变更的定律。而到了壮年,尤其是暮年,对于大多数女性,则会出现慵懒之态,早年红颜者,则在苍白中露出衰老,似昔日的黄花,只留一片唏嘘之声而已。

在吴健雄的身上,人们看到的却是违背常规的现象。至壮年,高雅、自信,到了老年,雍容中透出睿智,坚定中现出干练。可以说,科学所放射的秀美滋润了她,修炼了她,也塑造了她。内在的美充实到一定的时候,自然形成了一种外在的气质,面部肌肉也按照此理走向,嘴角的自信,眼神里闪烁的聪慧,将学者的风貌艺术地糅合于一起,人们丝毫感觉不到她的老态。她被选为美国物理学会会长时,有记者看到她外在的形象后感慨地说:她全身上下每一英寸都像一个会长。这是知识为她赢得了如此的评价。

科学揭示着真理,也创造着美。

吴健雄作为女性也是很知道注意自身形象的，尤其在年轻的时候，她很知道表现美的内涵和美的文化品位，在提高自身素养的同时，她的衣着总是以朴素、大方、得体、典雅而给同学们留下深刻的印象。她的衣着、举止与她内在流露出来的气质相互辉映，达到一种难得的和谐之美。与之相伴终生的民族服装——旗袍，和她时时表露的中国传统文化素养及神情，令海外的洋人们赞叹了许多年。

4. 与胡适的师生情

在科学的道路上，吴健雄每当遇到困难或取得成绩时，总会忆起她的中国老师——胡适先生对她的亲切教诲。

吴健雄初遇胡适，是在 20 世纪 20 年代。当时她正在苏州女子师范就读，校方邀请这位新文化运动的著名人物来校演讲，吴健雄有幸聆听了他关于现代女性的演讲。胡适的口才和他的新思想，给年轻的吴健雄留下了深刻的印象。但那时，他们毕竟还不是师生关系，在芸芸众生里，胡适根本不认识吴健雄。

真正做胡适的学生，则是 1929 年夏天的事。吴健雄从苏州女子师范毕业后，闲居家中，为赴中央大学读书而预习功课。因初遇胡适，对胡适产生过好印象，所以，当她得知胡适于暑假里正在上海中国公学教书，自是喜出望外，欣然前往。

在中国公学,胡适讲授的是"有清三百年思想史"。胡适的课,大家都争着去听,教室里常常很拥挤,胡适不得不迁往大礼堂。胡先生讲课很生动,语言很有文采。对于胡适的博学,吴健雄早已有所感受。当然,那是蜻蜓点水式的感受,还不能称其为深刻。在中国公学里一再聆听胡适先生的授课,吴健雄方知先生知识渊博,治学严谨,思路别致。比如,他的学术主张是用实用主义的方法,整理和评价中国古代文化遗产。胡适把这种方法概括为:"大胆假设,小心求证。"

由于吴健雄性格内向,不善于表现自己,所以,在众多的学生中,胡适起初并不能把她认出来。对她的认识,是通过吴健雄一次次优异的成绩,胡适才知道,他的手下竟有这么一位极为优秀的学生。

短短的暑期眨眼就过去了,胡适先生对传统文化的教诲及"大胆假设,小心求证"的思想却对吴健雄的一生影响很大。

对吴健雄的中国传统文化的启蒙,当推其父吴仲裔先生;使她对中国文化有相当的了解和深刻的认识的,还是应该感谢胡适先生。海外数十载,吴健雄在接受西方先进教育和进步思想的同时,依然没有丢失中国人良好的传统,实属难能可贵。她对胡适先生,还有中国的老师,都非常恭敬,显示了良好的中国文化涵养,所以,她在伯克利的老师塞格雷评价她:"优雅和聪慧。"

并不是所有的科学家都能表现出优雅的风范来。有人因感怀于吴健雄的迷人风采，曾将她与物理学史上另两位有突出贡献的女性居里夫人和梅特勒相比较，认为吴健雄比她们二人更优秀。吴健雄的优秀，得益于中国文化对她的滋养，潜移默化中，才培养出她优雅的举止，整洁干练的外表与自信的微笑。

吴健雄在其漫长的科学生涯中得益于胡先生更多的，则是他的"大胆假设，小心求证"的科学主张。她对 β 衰变的实验，宇称不守恒实验，向量流守恒实验，以及后来的一些实验，其实验的手段、方法及构思、设计，正是来自"大胆假设"的鼓舞；实验过程中缜密、精确的作风，则为"小心求证"做了最好的注脚。

吴健雄在中国公学短暂的学习生活，不仅给胡适留下了很好的印象，而且后来还得到了胡适的高度重视。

1936 年，吴健雄涉洋求学来到美国。至 1938 年，胡适也千里迢迢赶来。不过，此次他不是来求学，先前的 1910 年，他已先后在康奈尔大学、哥伦比亚大学深造过。胡适此次是为出任驻美国大使来的。胡适的来美，使吴健雄有了与老师多次见面的机会。胡适非常关心吴健雄的学习生活和她的志向。一次，他与吴健雄和袁家骝一起吃饭时，对她说了许多勉励的话，之后还有一封长信，尽诉师长的期望。吴健雄捧着老师的书信，深受鼓舞。

当国内爆发抗日战争时，胡适听说许多留学生想放弃学业，回国参战,及时阻止了他们,并说了许多重视科学的话。

宇称不守恒实验成功后,不仅当事者非常高兴,胡适得知了这个消息后,也表现了万分喜悦的心情,很以自己拥有这样的弟子而感到自豪。在公开场合,胡适对吴健雄也有很高的评价,见到吴健雄更是鼓励有加。

这种关心和爱护,吴健雄对老师的情谊更加浓厚。1958年,胡适离美赴台任台湾"中央"研究院院长。吴健雄为感谢老师对她的教育栽培之恩,也是为参加一个会议,与袁家骝一起取道赴台,并将美国研究协会成就奖的证书,作为一件礼物,赠送给了关心自己事业的老师。胡适接过证书,自是满心欢喜,爱不释手。对于胡适而言,还有什么礼物能超过高徒的卓越成就呢?吴健雄到台湾,似乎胡适也感到风光许多,吴健雄的成就也给他带来了许多的光彩。在众人面前,胡适又一次表示出以拥有这样的国际级物理学家的学生而感到自豪。

花开花落,寒来暑往。1962 年,吴健雄与袁家骝又一次赴台参加科学会议。夫妇二人怎么也没料到,此次台湾之行,竟成了与胡先生的最后诀别。那天,天气与往常一样,胡先生的身体也未显示出异常的迹象。当时,他们正在参加一个酒会,吴健雄也在场,胡适正说着话,突然倒地身亡。这突如其来的事件,把酒会上的人都惊住了。吴健雄的惊愕程度也可以想见,其悲痛至极的心情,则是难以用语言来表达的。

大半生的师生情谊,就这样结束了。留在吴健雄心中的,是失去老师的悲痛和对往事的无限追忆。

5. 始终与佼佼者为伍

吴健雄从小到大,性格都很文静。她人聪明,又很好学,自然为同学们推崇,也拥有了友谊。吴健雄从不滥交友,而是择友有度,交的都是些好学上进的朋友。在这样一个氛围里,尽享友情的快乐,吴健雄也是为自己创造互促互学的环境。

20世纪20年代,报考苏州第二女子师范学校时,她在近万人的考生中以第9名的成绩,走进了苏州第二女子师范学校的大门。入校后,她学习很投入,很用功,不仅成为本年级的佼佼者,也在全校出了名。

吴健雄学习好,却不高傲,与同学交往很随和,自然得到了一些高年级同学的青睐。譬如,后来的教育家吴子我,曾赴德留学;早已从北京师大退休的化学教授严梅和,还有史人凡等,当年她们都与吴健雄建立了友谊。高年级的同学,学的知识比吴健雄要深。耳濡目染里,吴健雄从这几位朋友那里,得到的不仅是相互鼓励,也有自己没有学到的知识。

吴健雄同班的,也有几位较优秀的同学,与她相处得非常好。像比较出名的作家姚自珍,曾在上海某大学教古文的辛品莲等。年少的她们,为对方的聪敏和人格而相互欣赏,应了中国的一句老话:人以群分。

进入中央大学后,吴健雄也很快地找到自己的朋友。如后来成为著名画家的孙多慈,当时在中央大学学艺术。二人才分都很高,虽然不在同一个系里学习,但彼此都很佩服,相互倾心,建立了很深厚的友谊。吴健雄对艺术很有兴趣,常与学艺术的同学来往,其中的张倩英便与吴健雄成了朋友。张倩英后来赴英学画画,也成为一位名画家。在中央大学学化学的朱汝华,与吴健雄相处也很愉快。后来,她也赴美留学,表现不凡,成就卓著,成为一代学者。

苏州女子师范的老朋友吴子我,进入中央大学后,与吴健雄依然保持着朋友的情谊。这种情谊,像陈年老酒,越久越醇香。

只身来到美国之际,吴健雄曾孤零零地站在美国的街头。然而,一到伯克利,她又很快地融于友爱的舒心环境里。美国姑娘阿蒂娜,华裔女孩伊达,德国姑娘乌苏拉,还有玛桂特等,在与她相处中,都被吴健雄特有的魅力所吸引,很快与之成了相濡以沫的知己。

在这些朋友中,吴健雄似乎跟阿蒂娜的关系更近些。二人可以说是无话不谈,包括自己的人生信念,对婚姻的看法等。当二人都有了自己确定的男朋友时,也是帮着互相判断,女孩子内心的隐秘,毫不保留地彼此倾诉。她还在一封信中这样写道:

"把我的爱和情意给阿蒂娜。"表露出她对阿蒂娜的真挚情感。

吴健雄离开伯克利,到史密斯学院教书期间,远离相处多年的好友,倍感孤寂。她给伯克利的朋友写信最多的,还是阿蒂娜,信中尽诉思友之情。

除了与女朋友有着深厚的情谊外,吴健雄对于当时一流的科学家,非常仰慕,尽量找机会与他们接近。像大科学家泡利、塞格雷、劳伦斯、奥本海默等,她对他们都崇敬有加,一生得到他们的不少帮助。二战期间,吴健雄能以一个外国人的身份参与"曼哈顿计划"的研制工作,显然是与当时的主持人奥本海默对她的赏识和推荐有关。

吴健雄与袁家骝结婚后,把家安在了普林斯顿。在那里,因袁家骝的关系,她结交了许多异性朋友,包括在美读书和工作的一些中国人。像后来很有名气的建筑大师贝聿铭,因那时也在普林斯顿住,与袁、吴常有来往。吴健雄常常拿出自己的一手中国好菜,热情招待大家。在普林斯顿简朴的住所里,他们还接待了许多科学家,大家互相交流学术看法,增进了了解和友谊。而她的家也简直像是一个科学沙龙。吴健雄很留恋普林斯顿的这个家,在那里她有机会接触了不少很有作为的人,并与他们建立了友谊。

在伯克利就与吴健雄很熟的泡利,在普林斯顿,也常是吴家的座上客。由此,二人的友谊在普林斯顿得到了进一步的加深。

泡利为人直率,对吴健雄的工作评价很高。由于泡利与吴健雄同是从事物理研究的,因此,相互之间有许多谈论的话题,两人感到挺合得来。他们的这种友谊,一直保持到泡利过世。

来到哥伦比亚大学后,吴健雄则与在伯克利期间的老友乌苏拉交往频繁,继续她们的友情。原因是,乌苏拉的丈夫兰姆与吴健雄同在一个系,学历史的乌苏拉也在哥大的女子学院任教。其实,还在伯克利时,吴健雄和袁家骝,乌苏拉和兰姆,这两对青年男女,就经常结伴去光顾经济实惠的中国小饭馆,在一起度过了愉快的时光。

乌苏拉的丈夫兰姆,也是一位挺优秀的科学家,他曾因其实验工作使量子电动力学更加精确,1955 年与 P. 库什一起,共获诺贝尔物理学奖。他是 1938 年去的哥伦比亚大学,第二次世界大战时,在该校辐射实验室工作,20 世纪 50 年代至 60 年代,先后在斯坦福大学、牛津大学、耶鲁大学任教。兰姆与吴健雄做同事时,互相有所帮助,为吴健雄教席一事,兰姆还说了不少的好话。

回顾吴健雄的一生,有事业成功的喜悦,也有友情对她的关爱、鼓舞和支撑。

九

由于"乒乓外交"政策的启动,她终于在与祖国相隔37年后,踏进了祖国的大门。从此,她才有了报效祖国的机会。她把平时节俭下来的钱,捐给了明德学校。生命弥留之际,她还想着祖国的科学教育。

1. 斩不断的中国情愫

1936年,吴健雄在上海的黄浦江畔与家人、与祖国作挥手相别时,亲人盼望她早日学成回国,用科学拯救中国于危难之中;她内心也渴望着多学本领,尽早回家与亲人团聚,在自己的祖国一展宏图。谁都不知道,此一别是漫长的37年等待。

初去美国,吴健雄尽管学习紧张,然而总能抽空给大洋彼岸的亲人写信,尽言所见所闻、自己的学习状况与感想,思乡愁绪亦透过纸背。

第二年,七七事变,中国沦于战火之中,乡音隔断,这更加重了吴健雄对亲人的担心,对祖国的忧虑。来自家乡的每个消息,都令她兴奋。她还曾通过朋友,托人给祖国的亲人寄邮件,也寄去她的关爱和牵挂,因邮航不通,未能如愿。

1940 年,吴健雄在伯克利获得了博士学位后,原定计划是立刻回国的,但是国内战火纷飞,阻隔了回家的路。她焦灼地等待着,盼望着战争早日结束,思乡之苦也更加折磨着她。

婚后,战争仍未结束,尚有越打越烈之势。吴健雄回家之心更加迫切,也更加怀念祖国的亲人们。

在这种迫切的心情下,当哥伦比亚大学把她召了去,征询她是否愿意参与"曼哈顿计划"时,吴健雄便痛快地答应了。由于美国也和日本作战,战争的格局发生了变化,当时的吴健雄的动机是,尽快帮助美国试制出原子弹,吓唬吓唬日本军国主义,让日本军队从中国撤出去,好使战火早一点平息。对祖国的关心,对祖国的爱,已深深地嵌入在吴健雄的头脑中。

战争也断了家乡为她提供旗袍的机会。吴健雄对旗袍情有独钟,不仅是审美的一种选择,更是乡思的一种寄托。在与家乡隔断消息的情况下,吴健雄于紧张的工作学习中,学会了自剪自制旗袍。穿着旗袍,她参加了多种实验。尤其在重大场合,在领奖台上,她都是穿着旗袍,表示对自己祖国的尊重。穿着旗袍,她还和丈夫、儿子一起乘船横渡大西洋到欧洲访问,让欧洲人目睹了中国女性的风采。

第二次世界大战结束后，吴健雄和许多中国人一样，是那样激动和高兴，中国终于不再受侵略者的奴役了，自己也可以回国了。可是来自国内的消息是，大有爆发内战的可能！起初吴健雄与袁家骝不太相信，后来家人的来信证实了那些消息。家人劝阻他们先不要回国，说国内局势不稳。他们又得苦苦地等待。

　　尽管全中国人民都反对内战，呼吁和平，然而，中国的内战还是爆发了，令吴健雄和许多海外留学生痛心疾首。

　　新中国成立后，美国敌视社会主义国家，尤其是麦卡锡主义的盛行期，中美关系异常紧张。麦卡锡是当时的美国参议员，此人思想偏激，对共产党的一切都仇视。20 世纪 50 年代，在美国高级政府机构中随意指控他人为共产党，或是给共产党做事，进行打击，制造恐怖气氛。那一时期，被称为美国的"文革"。当时的美国国务院执行外交政策的成员，很少有人能躲此厄运，研究"中国问题"的专家们，更是被一网打尽。从此，美国彻底断了与中国的往来，断了了解中国的途径。

　　那一时期，美国国务院还专门成立了一个所谓的"忠贞调查局"，有 322 万美国公务员受到"忠贞"调查，3000 多名官员被迫离职。麦卡锡主义，像一条响尾蛇，在美国的政府机构中肆意游弋，搞得"当权派"们人人自危。

　　美国理论物理学家，第二次世界大战担任制造第一批原子弹的"曼哈顿计划"的科学工作负责人奥本海默，在麦卡锡主义时期,就受过军事情报机关的指控,说他过去曾与共产党人合作,庇护苏联间谍等。

奥本海默是为美国的"曼哈顿计划"立过汗马功劳的人,在物理学界威望亦很高。由于他卓越的表现,在1947年至1952年间,担任了原子能委员会的总顾问委员会主席。由于广岛和长崎两颗原子弹对许多无辜日本人民的毁灭,原子武器在许多科学家心中都留下了一片阴影,许多科学家都表示了慎重使用核武器的鲜明态度。鉴于原子弹的杀伤力,在战争已经结束的情况下,作为战胜国的美国提出试制氢弹的时候,奥本海默所担任主席的这个顾问委员会,于1949年直接提出了反对意见。也许是这个反对意见,导致了奥本海默受人指控。其中指控的罪状,还有一条是:反对制造氢弹。似乎反对制造氢弹,即有与共产党国家勾结之嫌。

后来,美国政府对他进行了审查,结论是奥本海默没有叛国罪,可又判定他不应该接触军事机密。此判定令人啼笑皆非,一个研究核物理的科学家,担任"曼哈顿计划"科学工作的负责人,怎能远离军事机密?"曼哈顿计划"即为当时的最大军事机密!

美国的科学家联合会闻知奥本海默受审一事后,立即向政府提出抗议,但仍无济于事。指控的罪名虽然不能成立,可是奥本海默却由此被解除了原子能委员会总顾问委员会主席的职务。

过了 10 年,20 世纪 60 年代的某一天,美国总统约翰逊把原子能委员会的费米奖授给了奥本海默,总统先生想以这种方式为科学家奥本海默恢复名誉,可是,这个举动还是太迟了些。因为奥本海默已经 59 岁了,作为科学家的大好光阴已剩下不多。也许是政治的打击让他饱尝了精神的创伤,1967 年,也就是他退休的第二年,奥本海默因患喉癌而与世长辞了。

可以说,奥本海默是那场激烈的政治斗争的牺牲品。其实早在 1954 年,麦卡锡因犯了众怒,已被免去调查委员会主席的职务,参议院还对他进行了正式的谴责。可是,麦卡锡主义的影响尚在,导致了多少人的人生悲剧!

具有美国本土血统的官员和科学家的命运尚且如此,已经成为共产党执政的中国的科学家又能怎样呢?美国绝对不允许在美的中国科学家回国,甚至认为,放走一个科学家回中国,比一个共产党军队对他们的威胁都要大。何况吴健雄参加过"曼哈顿计划"?

所以,尽管吴健雄和袁家骝时刻挂念着祖国和亲人,尽管他们归心似箭,在那种政治气候下,他们也只好作罢,又一次放弃了回国的念头。

1954 年,迫于无奈,也是为了工作方便,吴健雄和丈夫加入了美国籍。

1956 年,吴健雄成功地实验了"宇称不守恒",内心非常喜悦,首先想到的是让国内的亲人来分享她的快乐。1958 年,她把美国科学基金会颁发的"科学研究基金会奖"的获奖证书寄给了时刻关心她事业的叔叔,并在上面题词"叔父大人留念",表现出一个海外游子对祖国及亲人的深切怀念。

吴健雄的书架上收藏有许多中国古书及一些中国传统工艺的瓷瓶,她家的客厅里,还悬挂着中国字画。走进她的家,透过屋内的陈设,让人感到这是一个地地道道的中国人的家。出国几十年,吴健雄是中国传统文化熏陶下的知识分子,叫她如何不思念祖国?

1964 年,与吴健雄同在美国的华裔科学家杨振宁博士在香港得以与父母弟妹团聚。听到这一消息,吴健雄的眼睛为之一亮,她感到自己与亲人相聚的日子也为期不远了。

吴健雄在焦急中等待着,也积极地寻觅机会。1965 年,台湾方面约请吴健雄前去台湾领取嘉新文化基金会科学成就奖,吴健雄认为这是一个难得的机会,必须紧紧地把握住。也是吴健雄心切,抓紧时间给叔叔和弟弟(吴健雄的父母及哥哥早已不在人世)去信,告知他们:她有意想在香港与他们相见。叔叔吴琢之和弟弟吴健豪当然想见到离家近 30 年的海外亲人,所以接到信后,便立即在国内通过统战部等部门,办妥了离境赴港的手续。那个年代,要办这种手续是有很大难度的。

1965 年的夏天,对吴健雄来说,是个终生难忘的季节。在香港,夏天异常闷热,吴健雄却丝毫不觉得。她、袁家骝与叔叔、弟弟在香港九龙饭店终于团聚了。叔叔总也忘不了上海黄浦江畔挥手道别的青春年少的侄女,对眼前年过半百的吴健雄却不敢相认;吴健雄脑海里的叔叔总是高高大大,强健有力,面对着这位耄耋老人,不禁泪眼模糊,唏嘘不已。面前的弟弟也早已没有了原模样,现出了老态。相见之时,有道不完的话语,说不尽的亲情。短暂的团聚很快就结束了,大家的话似乎还没有说完。

　　从那以后,吴健雄又盼着下一次的相聚。孰料,第二年,即1966 年,中国便发生了"文化大革命",再相聚成为泡影。不仅如此,更让吴健雄痛心的是,弟弟健豪在那场运动中受到迫害致死,叔父也因病撒手人寰。香港一聚,竟成了生死永诀。

　　然而,即使叔叔、弟弟之死,也未断了吴健雄的中国情,她还在心底企盼着中国早日腾飞,跻身世界强国之林。

2. 探望祖国

　　历史进入了 20 世纪 70 年代以后,中美长期的僵局开始有所缓和,这一切来自周恩来总理的以小球带动大球的外交政策,此政策成功地促成了美国总统尼克松前来中国访问。由于国家间高层领导的接触,两国间的其他政策也随之松动。美国的一些学者和科学家陆续到中国访问,给了吴健雄和袁家骝莫大的鼓舞,他们遂动念头要回祖国看看。

1973 年金秋时节,吴健雄和袁家骝在与祖国阔别 37 年后,终于踏上了回国之路。37 年的等待,已熬白了鬓发,吴健雄和袁家骝自有许多感慨。这次回国,他们逗留了近两个月的时间,不仅去了吴健雄的家乡浏河,探望了袁家骝小时候长期居住之处河南安阳,而且还去了许多城市及旅游胜地。他们抓紧时间,尽量去更多的地方,领略祖国山川的自然风貌,体察各地的科学发展情况。那时候,中国的"文化大革命"尚未结束,他们夫妇所到之处,随时都能感受到那种独有的气氛。

这次回国,他们难以忘怀的是,在北京人民大会堂与周恩来总理的会面。周恩来思维敏捷,做事细致、开明。早在中华人民共和国建国初期,周恩来以其外交家的风范和气度及他的学识和睿智而饮誉海内外。他的人格力量团结了一批又一批支持中国的朋友,也使敌对国家对他不得不佩服。他的"乒乓外交"政策,更是一成功举措,使尼克松从大洋彼岸向中国伸出了手。

吴健雄与袁家骝对周恩来的耳闻甚多,知道周恩来很善于团结知识分子,因此,对他颇有好感。见到周恩来,吴健雄快步上前,二人将手紧紧地握在了一起。吴健雄出生于江苏省的太仓县,周恩来的祖籍是江苏省的淮安县,同是江苏老乡,也多了一层亲切。因此,会谈的气氛,自始至终都非常融洽。此次见面,周恩来总理的不凡谈吐,诚恳、大度,为他俩留下了深刻的印象,也得到了他们的极力推崇和尊敬。

那天,他们谈得很久,也谈得很深。周恩来表示出对科技和知识分子的相当重视和尊重,双方都希望中国能够振兴科技。吴健雄对科学研究和科学的教育有自己的一套看法,认为它们是相辅相成的一对,而不应隔离开来。周恩来对她的许多看法表示赞同,并希望他们夫妇二人为祖国的振兴、多为祖国科教事业多做些贡献,也希望他们有空经常回家看看。

会谈结束后,彼此似还有许多话没说完,双方一起步出迎宾厅,边走边聊。吴健雄和袁家骝侧着脑袋,双眼紧盯着周恩来,仔细倾听着周总理的每一句话。

首次回国探望,非常成功。吴健雄和袁家骝也很高兴。回到美国后,吴健雄利用她的物理学会会长的身份,促成了中美物理科学的交流。比较明显的一个例子,就是1975年,当时的中国科学院院长卢嘉锡率团成功地访问了美国。

在后来的岁月里,吴健雄为祖国的科技事业还做了很多事,现今回忆起来,仍十分令人感动。1986年,中国科学院院士、复旦大学校长谢希德女士前往美国访问,吴健雄对谢表示出了极大的热情。吴健雄当时已是70多岁的高龄,可她不顾年事已高,亲自带领谢希德到她在哥大负责的低温实验室参观,详细地讲述着低温对核物理研究的重要性,也陈述了她当年为何要到美国国家标准局去做实验的原因。那情景，谢希德记忆犹新。

谢希德早年曾在美国留学，差一点儿与吴健雄成了师生。

1942年的秋天，在纷纷落叶声中，吴健雄结束了加利福尼亚大学伯克利分校的学习生活，尽管她学习成绩优异，因美国世俗对女性的偏见，终未能留校。热衷于物理实验的吴健雄，在万般无奈中，只身来到史密斯学院任教。由于经费等原因，在史密斯学院，吴健雄依然无法从事物理实验，于是，第二年，也就是1943年，在科学家劳伦斯的推荐下，赴普林斯顿大学工作。

1947年，谢希德来到了史密斯学院攻读硕士学位。在学习过程中，史密斯学院研究生院院长格拉地斯·安司罗博士，向她介绍了曾在该校任教的一名中国女教师的事。这位被她们称为"GeeGee"的中国女教师，给大家留下了良好的印象。

谢希德认为"GeeGee"这个名字怪怪的，脑海里无法为这位中国的女性勾勒出清晰的印象。直到多年以后，谢希德才知道，"GeeGee"就是吴健雄。随着吴健雄越来越突出的成就，谢希德对她逐渐加深了认识，并对未能与吴健雄在史密斯学院相识而感到遗憾。

中美关系松动后，吴、谢二人才有了多次见面的机会。本来都是女性，又是祖国同胞，所以，谢希德访美，自然受到吴健雄热情的关照。

自1973年访问大陆后，吴健雄对祖国的责任感更加强烈了。她时时关心着祖国的发展。后来,从来访的中国朋友那里得知,中国正在发生着一些政治变化,吴健雄于是又动念头,要回祖国看看。

1977年,吴健雄、袁家骝夫妇又一次回国探望,此次回国,他们带上了儿子和儿媳,想让他们领略中国的山川之美和中国的风貌。刚刚结束一场浩劫的中国,百废待兴,处处呈现出的是一番朝气蓬勃的景象。吴健雄全家游览了东南西北最具代表性的城市及古迹胜地,也领略了中国如诗如画的自然景观。第一次来到父母生长的祖国,儿子袁纬承懂得了父母何以如此热恋中国和家乡,他甚至产生了学习汉语的想法。

吴健雄和袁家骝不顾近70岁的高龄,在儿子、儿媳的陪同下,饶有兴趣地爬上了长城。来到长城,俯瞰四周,让人觉得祖国文化的深厚和地域的辽阔。儿子、儿媳也对这雄伟的建筑赞叹不已。远处一望无际的山脉,怎不令人心旷神怡!他们太感动了,也深深地陶醉了。全家人在长城上专门照了一张相,把长城的雄伟和壮丽都摄进去,留作永久的纪念。

当然,吴健雄和袁家骝的回国,自然不是为了游玩。作为科学家的他们,没有充裕的时间去观光旅游。只是多年未回祖国,才像孩子似的那样激动,充满了好奇心。祖国的一切,让他们百看不厌,目之所及,便像影像,永远地留在了心中。

他们此次来访的主要目的是讲学,介绍世界科学发展动态,促进中国科学的发展,为祖国的振兴尽自己的一点力量,也是借此表达多年未忘记祖国的赤子之心。

以后,他们又多次回国访问和讲学。20 世纪 80 年代的一次回国,吴健雄还与杨振宁、李政道、丁肇中一起和邓小平会面。邓小平早年曾留学法国,非常重视知识和科学,所以接见几位海外一流的华裔科学家,也是想听听他们对祖国发展科技的意见,希望他们献计献策。

每次回国访问或讲学,吴健雄都会抽空去看望老友,交流情感,也交流科学的信息。当然,最让她动情的,还是家乡。

3. 走访家乡

吴健雄的脑海里,有难以忘怀的故乡情。

她自幼生长在那里的浏河镇,山也清,水也秀。欢乐的童年里,有母亲的呵护、恩爱和体贴,有父亲开明思想的影响、教导和鼓励。

童年的故乡,让吴健雄无法忘却的还有江南特有的方言。出国多年,有时不经意中家乡话就会从她的口中蹦出。故乡人的面庞在岁月中逐渐模糊,而情感愈加浓烈。几次梦里回故乡,见亲人,故乡有她难以理清的情结。

1973 年首次回国,她便迫不及待地回到了家乡。家乡的山还是那个山，水还是那个水，而亲人却早已仙逝，留给她的是无限的怅惘。那一次，她是怀着孤寂的心情离开家乡的，离别后，不敢再回看家乡一眼。

后来，她利用回国访问和讲学之机，又几次回乡省亲，故地重游，追忆小时候发生的故事。徜徉在浏河口外的长江江堤上，面对滚滚而下的江水，更勾起她对往事的回忆。小时候的她，曾提着篮子在河边拾过贝壳，烂漫而天真，有时望着江水出了神，在想父亲讲的郑和下西洋的故事，西洋是什么样呢？我一个女儿身能像郑和那样，也有那一天吗？没想到，吴健雄后来果然梦想成真，涉洋去了美国，只是未能如愿回来报效祖国。

回到家乡，吴健雄忘不了到父亲一手创办的现更名为明德学校的校园去看一看。现在的明德学校已扩大了许多，教育对象不再局限于小学生，而直至高中生。看到当年父亲创办的学校得到发展，吴健雄非常高兴。她曾在父亲的学校学习，体会到教育的重要性，对青少年寄予了厚望。

回到美国后，情之所系仍是故乡，她总觉得自己该为家乡做点什么。

1988 年，秋风送爽，天高云淡，吴健雄又一次回到故乡。此次是为了主持父亲 100 周年诞辰纪念会而特意从美国飞回来的。

在父亲吴仲裔的纪念馆内，悬挂着一幅幅记载父亲生前事迹的照片。缅怀着先人，吴健雄无限感慨。

为了传播父亲的重视教育的思想，吴健雄还拿出了一笔积蓄，据说近百万元人民币，成立纪念吴仲裔先生的基金会，奖励工作优秀的教师和成绩不凡的学生。为了改善学生的学习环境与条件，吴健雄和袁家骝又从积蓄中拿出资金，为学校配置电脑等学习与教学用具，实现了长久埋在吴健雄心里想为家乡做点事的愿望。

吴健雄爱国重教的义举，深得家乡人们的爱戴。明德学校的师生还特意邀请吴健雄来学校与师生们座谈，共话科技兴国。看到祖国活泼、健康的下一代，吴健雄仿佛看到了祖国的未来，对他们寄予了很大的希望。她嘱咐孩子们努力学习，学好科学知识，增长才干，建设祖国的现代化。殷殷话语，饱含着一位老科学家对下一代教育和对科学兴国所寄予的厚望。

回到美国后，吴健雄还写信给她在中国的母校，请他们给予明德学校的孩子们更多一点爱心和关心，帮助他们成长，使他们将来能成为祖国建设的栋梁之材。

"我身在国外，心怀中华！"这赤子的呼声，在中华大地的上空久久地回荡着，回荡着……

4. 魂归故里

自 1944 年春季进入哥伦比亚大学物理系以来,吴健雄做出了几项具有重大影响的实验,为哥大增添了荣耀。

先是在"曼哈顿计划"中的卓越表现,为美国第一颗原子弹的试制做出了自己应有的贡献。二次大战结束后,吴健雄埋头于 β 衰变谱线的研究,从而奠定了她在 β 衰变领域中的权威地位。接着又以宇称不守恒的成功实验,令世界为之瞩目,推动了物理科学革命性地向前迈出一大步。

20 世纪 60 年代,她又与其合作者一起,共同完成了向量流守恒理论的实验。

然而,瑞典的诺贝尔奖评选委员会的先生们,却无视她的重大成就,始终未舍得把诺贝尔奖给她。虽然吴健雄保持沉默,没说什么,但是,许多负有盛名的大物理学家对此却表示了他们不理解的态度,他们均认为:以吴健雄的成就和地位,她应与杨振宁、李政道一起,接受诺贝尔物理学奖。由于吴健雄成功的实验,二人的理论才得以验证;而得到诺贝尔物理学奖的杨振宁、李政道也认为吴健雄应该得奖。

是什么原因使吴健雄与诺贝尔奖失之交臂?据知道内幕的人说,很可能是人际关系方面的原因,或者在于重视理论超过具体实验的观念。

吴健雄没有陷在获奖的旋涡里,她仍旧朝着自己的目标前进着。

60 岁的吴健雄依然活跃在实验室,令许多科学家都感到惊讶。她获得了除诺贝尔奖以外所有的重要大奖。

1980 年,吴健雄在哥大工作已经整整 36 个春秋了。回首过去的人生足迹,吴健雄还是欣慰的。她的一生是充实和完满的。

这一年,吴健雄退休了。

退了休的吴健雄,心仍未退休,她还不习惯一下子从实验室里退出来。对记载着她的奋斗历程的实验室,吴健雄有一种特殊的感情。所以,退休以后,吴健雄还时常去物理系看看,去实验室门口站一站。她还是哥大物理系的名誉教授,系里仍保留着她的办公室。按照工作的惯性,退了休的吴健雄常来到办公室坐一坐,心里也有稍许的安慰。

退休后,吴健雄的最大感慨是人生的短暂,深切地感到,还是应在自己生命力最旺盛的时候多做点事,以使晚年不后悔。80 多岁后,她感到了力不从心,也体验了生命衰老的滋味,更加认识到教育培养下一代的迫切性。

吴健雄有了充裕的时间,可以更多地来关心祖国科学教育问题。

吴健雄和袁家骝的生活,既普通又俭朴。对于吃和穿,他们从不过多地讲究。在自己的青年与中年时期,吴健雄与其他女性一样,也注重自己的外在形象。但她最多是使自己衣着得体,稍加修饰而已,从不舍得花时间和精力用于打扮上,或去追求某种奢靡。她和丈夫,把更多的精力和时间用在了科研中,稍有点时间,她还要尽一尽母亲和妻子的责任与义务。

　　以吴健雄和袁家骝的收入,他们是可以过上一种比较阔气的生活,但是,他们却没有那样做。衣服能不买新的,就尽量不买;家里的用具坏了,只要袁家骝能修,就尽量由他修好。家里的生活安排与杂事,也都是由他们老两口亲自去干。他们的榜样力量,也无形地教育了儿子。儿子从小时候起,自理能力就很强,长大后,也从事起父母所从事的物理科学研究。

　　1988 年,吴健雄拿出一大笔积蓄建立了吴仲裔教育基金会;1992 年,于她 80 寿辰之际,又拿出一笔积蓄建立了吴健雄基金会,用于鼓励和奖励家乡优秀的师生们。

　　对自己的吝啬,对他人的宽容,对家乡和祖国的慷慨,如此高风亮节的品行,令人赞叹,让人仰慕。

　　进入 20 世纪 90 年代以后,吴健雄的身体大不如以前,很少出去走动,一般总是待在哥伦比亚的家中。1995 年,她中风一次,还好不甚严重。那一年,她还向家乡的明德学校捐赠电脑30 台。

1997 年 2 月 16 日,吴健雄再一次中风。这一次的中风比较严重,经医生全力抢救无效,于 17 日不幸去世,走完了她 85 年的人生历程。

吴健雄逝世的消息传到国内,许多人都难过得流下眼泪。在她的家乡浏河镇,人们更是痛惜不已。

1997 年的 4 月 6 日,袁家骝捧着妻子的骨灰盒,从遥远的美国回到中国,以实现吴健雄叶落归根的遗愿。

回来的那天晚上,明德学校的师生们怀着悲切的心情久候校园,学生们还列队挂起了很长的标语:"吴教授到家了,请走好。"

在哀乐声中,吴健雄的骨灰安葬在当年伴其读书的紫薇树下。故乡的土地,安葬有她挚爱的父亲和母亲。今天,在海外 60 年的游子,终于叶落归根,与亲人永远地团聚了。

吴健雄生前一直有个心愿,要为家乡的学校建一座科技大楼。袁家骝此次回来,亲自将 200 多万元人民币捐给了学校。在外奔波了一生的老科学家,在生命弥留之际,仍在牵挂着祖国和家乡的科技与教育的发展。此举也必将化作一种动力,让祖国在这一代人的手中腾飞起来。

人固有一死,但死的意义有不同。吴健雄一生追求科学真理的精神和她的爱国热忱,将给后人以鼓舞,以振奋。

吴健雄的精神永远不会泯灭。